哈佛学生最喜欢的

逻辑游戏

《学生悦读文库》编写组　编著

江西教育出版社
JIANGXI EDUCATION PUBLISHING HOUSE

图书在版编目（CIP）数据

哈佛学生最喜欢的逻辑游戏 / 《学生悦读文库》编写组编著. -- 南昌：
江西教育出版社，2013.11
　　（学生悦读文库）
　　ISBN 978-7-5392-7189-7

　　Ⅰ. ①哈… Ⅱ. ①学… Ⅲ. ①智力游戏－青年读物②智力游戏－少年读物
Ⅳ. ①G898.2

　　中国版本图书馆CIP数据核字(2013)第260715号

哈佛学生最喜欢的逻辑游戏

HAFO XUESHENG ZUI XIHUAN DE LUOJI YOUXI

《学生悦读文库》编写组　编　著

江西教育出版社出版

（南昌市抚河北路291号　　邮编：330008）

各地新华书店经销

北京彩虹伟业印刷有限公司印刷

710mm×1000mm　　　16开本　　　12.5印张　　　字数150千字

2014年1月第1版　　2019年8月第2次印刷

ISBN 978-7-5392-7189-7

定价：36.00元

赣教版图书如有印制质量问题，请向我社调换　电话：0791-86705984

投稿邮箱：JXJYCBS@163.com　　　　　电话：0791-86705643

网址：http://www.jxeph.com

赣版权登字-02-2013-336

目 录

第一部分　哈佛学生爱做的逻辑思考题

第二部分　哈佛学生感兴趣的逻辑悖论

第三部分 哈佛学生欣赏的逻辑思维

目录

第四部分　哈佛学生擅长的逻辑艺术

第一部分

哈佛学生爱做的逻辑思考题

1

他说谎了吗

一个晴朗的下午，杰克先生独自行走在一片原始森林中。

当他突然发现自己迷失了方向时，已经不知道身后的几条路，哪条才能让他走出森林。他走到了一个原始的部落里。这个部落里的人有一个奇特的毛病，一部分人这辈子只说实话，而另一部分人只说谎话。

此时。杰克先生又累又渴，看见旁边有一池子清水，于是便想向水池边的一个人问这水能不能喝，可又怕听到的是谎话。他思考了一会儿，问了那人一个问题，果然得到了想要的答案。

★提问★

你觉得杰克先生问了什么问题呢？

●解答●

"今天可真是个好天气，你说是吗？"他向那个人搭讪。

"当然。阳光非常暖和。"那个人很随和地回答他。

"这水能喝吗？"

"当然。"

当时阳光确实很暖和，所以这个人肯定是说实话的。他回答水能喝，那就肯定是能喝的。

2

她们是怎样购物的

周末，苏珊、丽娜、玛丽、贝拉四个好朋友聚在一起，相约去购物，她们分别买了一块表、一本书、一双鞋和一台照相机，而这四种商品分别陈列在商场的一层至四层（不是按顺序排列）。现在知道的是：玛丽小姐是在一层购物；表是在四层出售的；丽娜小姐一进商场就直奔二层；贝拉小姐买了一本书；玛丽小姐逛了半天，没有买照相机。

★提问★

根据这些线索，你能确定谁在哪一层买了什么东西吗？

··●解答●··

已知的条件有，玛丽小姐购买的不是照相机，买书的是贝拉小姐，表在四楼出售，玛丽小姐在一楼购物。据此，我们首先可以推断出玛丽小姐买的是鞋。然后，依次类推可以得知：玛丽小姐在一层买了一双鞋，丽娜小姐在二层买了一台照相机，贝拉小姐在三层买了一本书，苏珊小姐在四层买了一块表。

3

玉佩在哪个盒子里

　　从前有一个公主，不仅拥有惊人的美貌，还很有智慧。一天，来了邻国的三个王子向她求婚，公主难以选择。她想了一个办法，将三个王子叫到一块，指着侍者手里拿着的三个珠宝盒，对他们说："这里有三个珠宝盒，每个盒子上都写着一句话，但只有一句话是真的。我把一枚玉佩放在其中一个珠宝盒里，谁能最先猜出玉佩放在哪个盒子里，我就答应那个人的求婚。"

　　于是，三个王子走到珠宝盒面前，他们看见金盒子上写着：玉佩在此盒中。银盒子上写着：玉佩不在此盒中。铜盒子上写着：玉佩在金盒中。最聪明的王子很快得出了答案，最终娶到了公主。

★提问★

到底哪句话是真的？玉佩到底在哪个盒子里呢？

·•●解答●•··

　　分析盒子上的话，金盒子和铜盒子上的话自相矛盾，所以有一句是真，有一句是假。而这三句话中只有一句是真的，所以，银盒子上的话，肯定是假的。银盒子上所写的"玉佩不在此盒中"既然是假的，玉佩肯定是在银盒子里。

4

箱子上的标签

一家水果店刚刚收到快递公司送来的三箱水果。这三个箱子里分别装着苹果、梨以及苹果和梨，箱子外面也分别贴着三种标签。但是粗心的发货公司却把三个标签完全贴错了，也就是说，现在三个箱子上的标签没有一个是对的。

水果店的一个机灵店员只是从一个箱子里拿出一个水果看了看，便立刻把所有的标签都换了过来，而且事实证明他全部贴对了。

★提问★

他到底是从哪个箱子里拿出的水果呢？又是如何分辨出来的？

••●解答●••

既然三个箱子上的标签全部贴错了，也就是说，贴着苹果标签的箱子里不是梨就是苹果和梨；贴梨的箱子里不是苹果就是苹果和梨；而贴苹果和梨的箱子里不是苹果就是梨。

这样一分析我们就能看出来，水果店的伙计肯定是从贴着苹果和梨的箱子里拿的水果。因为如果拿出的是苹果，就能判断出箱子里是苹果。同理，拿出的是梨的话，箱子里就是梨。判断出了这个箱子里的东西后，另外两个箱子里装的是什么水果也就很容易弄清楚了。

5

天使与魔鬼

有一个虔诚的教徒做了一个奇怪的梦。梦里出现了三个长着洁白翅膀的美女，美女们告诉他，她们之中有天使，也有魔鬼。可是并没有告诉他哪个是天使，哪个是魔鬼。天使只会说真话，而魔鬼则相反，只说谎话。

第一个说："在第二个美女和第三个美女之中，至少有一个是天使。"

第二个说："在第一个美女和第三个美女之中，至少有一个是魔鬼。"

第三个说："我能告诉你正确的消息。"

这个人听糊涂了，不知道到底谁是天使，谁是魔鬼。

★提问★

你能猜出至少有几个天使吗？

··●解答●··

根据第一个美女的话我们可以得出这样的结论：如果她是魔鬼的话，这三个美女都将是魔鬼。但我们知道三个人里肯定是有天使。因此，可以判断出，第一个美女肯定是天使。

从第二个美女的话中，可以得出两个信息：如果她是天使的话，第一个美女说的肯定是真话，所以是第一个是天使，而第三个就成了魔鬼；如果第二个美女是魔鬼的话，第三个美女就成了天使。

所以，不管我们怎样推理，这三个美女中，至少有两个是天使。

6

七个孩子

在一个家庭中，有七个孩子，但是孩子们都还小，客人们经常没办法分清谁是男孩谁是女孩。这一天爸爸给孩子们编好号，并给出6个条件，让一个客人判断他们之中有几个男孩、几个女孩：

1号有三个妹妹；

2号有一个哥哥；

3号是个女孩，她有两个妹妹；

4号有两个弟弟；

5号有两个姐姐；

6号是个女孩，她和7号都没有妹妹。

★提问★

根据这6个条件，你能猜出这个家中有几个男孩，几个女孩吗？几号是男孩，几号是女孩呢？

··●解答●··

从第6条信息我们可以得出，6号是女孩，7号是男孩。综合分析其他几条信息，我们又得出，这七个人中，只有三个是女孩，而且4号肯定是女孩。

所以说，这家兄弟姐妹中，有四个男孩，三个女孩。1号、2号、5号和7号是男孩，其他三个是女孩。

7

怎样舀酒

酒馆里，一个酒鬼正在同伙计争执，老板娘闻声赶来调解。原来，这个酒馆中只有两个舀酒的勺子，一个一次能舀7两酒，另一个能舀11两酒。可是，这个酒鬼提出只要2两酒。小伙计舀不出2两酒来，说2两不卖，于是两个人吵了起来。

老板娘想了想，转身走向酒缸。片刻之后，拿着2两酒交给了酒鬼。

★提问★

老板娘是如何做到的呢？

··●解答●··

先准备好两个酒碗，然后用11两的勺子舀酒，打满后，拿起另一个7两的勺子放到碗的上方，将11两的酒倒到7两的勺子中，那么溢出的就是4两。再同样重复做一次，碗中就有8两酒了。之后，将装有酒的碗与7两的勺子拿起，放到另一个空碗上，将碗内的酒倒入7两的勺子中，那么就会溢出1两的酒。接着，再重复一次前面的做法，就又得出1两酒，加起来就是2两了。

8

被释放的囚徒

古希腊有个著名的、残暴而聪明的国王，一次他想处死一批囚徒。那时候，处死的方法有两种：一种是砍头，一种是绞死。这个国王对所有囚徒说："你们自己挑一种死法，你们任意说一句话，真话绞死，假话砍头。"

这个法令太奇怪了，许多囚徒认为不管怎样都是死，所以就随口乱说，不是说了真话被绞死，就是说了假话被砍头，即使说了不能马上检验真假的话也会被当作假话砍头。国王看到他们一个一个被处死很开心。轮到一个聪明的囚徒时，他说了一句话，令国王左右为难："只好放了他。"这个囚徒竟因一句话逃过死刑，并且获得了自由。

★提问★

他到底说了一句什么话？

···●解答●···

他说的是："国王您要砍我的头。"如果国王砍他的头，他说的就是真话，他就要被绞死；如果国王绞死他，他说的就是假话，那么，他就应该被砍头。囚徒就是利用这个逻辑上的怪圈救了自己的一命。

9

阿奇的读经计划

400多年前，英国有个名叫阿奇的惯盗，一次因盗窃王室珍宝被抓获，法庭判他偷盗有罪，并因罪行重大处以极刑。当时英国国王是詹姆士六世，他在位期间因钦定《圣经》而闻名，同时还善于倾听臣民的意见，总的来说他是一个较为虔诚、善良的君主。

阿奇在狱中对狱卒说："听说国王钦定的英译《圣经》已经完成了，我现在还没有见过《圣经》。作为对世界最后的留恋，我想把《圣经》读完后再死，请求您替我向尊敬的国王申请一下。"狱卒把这件事报告给了国王。

听说有这样虔诚的囚徒，詹姆士六世很高兴："满足他的愿望吧，在他读完《圣经》之前，暂停执行死刑。"

经国王的许可，崭新的《圣经》送到了阿奇手上。接过《圣经》后，他对官员说了自己的阅读计划，官员顿时醒悟了，原来国王上当了。

★提问★

阿奇的读经计划是什么呢?

··●解答●··

阿奇说:"国王钦赐的《圣经》,我必须慢慢地品味着读,每天大约一行。国王陛下许可我读完《圣经》再被处死,并没有讲读完的期限啊!"每天一行,厚厚的《圣经》足够阿奇读上几百年了。

10
谁是盗窃犯

A市的一家银行被盗了。警察很快抓到了四名犯罪嫌疑人,对他们进行了审讯。四个嫌犯每人都只讲了四句话,并且都有一句是假话。

约克:"我从来就没有到过A市。我没有犯盗窃罪。我对犯罪过程一无所知。案发那天,我和瑞利一起在另一个城市度过的。"

凯曼:"我是清白无辜的。我在案发那天与瑞利闹翻了。我从来没有见过约克。约克是无罪的。"

哈桑:"凯曼是罪犯。瑞利和约克从来没有到过B市。我是清白的。是约克帮助凯曼盗窃了银行。"

瑞利:"我没有盗窃银行。案发时,我和约克在B市。我以前从未见过哈桑。哈桑说是约克帮助凯曼干的,这是谎言!"

★提问★

请你根据四名犯罪嫌疑人的上述供词，指出谁是真正的盗窃犯。

·•●解答●•··

约克是无辜的，不然他的四句话中就会有三句是谎言。所以他说案发时和瑞利一起在B市度过的是谎言。瑞利说与约克在B市是谎言，所以其余三句是真的，他是无罪的。哈桑说约克帮助凯曼盗窃是谎言，因为约克说过对犯罪过程一无所知。所以他说凯曼是罪犯，自己无罪都是真的。而凯曼则只有说自己是清白无辜的这一句是谎言，其余都是真的。因此，凯曼就是盗窃犯。

11
开关与灯

想象一下，你身在一间有三个电开关的房间里。在相邻的房间里有三盏台灯。每一个开关控制一盏台灯。你的任务就是去确定三个开关各控制哪盏台灯。你是不可能从一个房间看到另一个房间的，而且你只可以进入台灯所在的房间一次。

★提问★

怎样才能知道哪个开关控制哪盏灯呢?

··●解答●··

把第一盏台灯打开几分钟，灯泡会慢慢变热，把它关掉，打开另一盏。走进另一个房间，摸摸哪一盏灯是暖的，就是之前先开的那盏，剩下一台亮着一台灭着，三个开关就很容易区分开了。

12

酋长的遗产

一个阿拉伯酋长生了重病，考虑要分配遗产。为了测验一下两个儿子的能力，要求他们骑骆驼到远方的城市去，看看谁骑得慢，谁就可以继承他的遗产。两兄弟思考了一番后，跳上了骆驼，用最快的速度向目标城市飞奔而去。

★提问★

请问他们为什么要这样做？

··●解答●··

他们交换了骆驼，谁最先到达就证明自己的骆驼慢。

13 工作人员

某学院哲学系一位同事神秘兮兮地对朋友说，我们系里的教师和助理共16名，而且无论包不包括我，以下条件都不会改变：

1.教师多于助理；

2.男助理多于男教师；

3.男教师多于女教师；

4.最少有一位女助理。

★提问★

该系所有教职员工的性别、职级以及人数各是多少？讲这段话的人又是其中的什么人？

··●解答●··

（一）既然教师和助理的总人数是16人，则：

由提示1，可知，教师最少有9位，助理最多有7位。结合提示4，可知，男助理最多有6位。而男助理多于男教师，可知，男教师必定不到6位。男教师又多于女教师，可知，男教师必定超过4位，男教师刚好是5位。

综合这些条件，教师刚好是9位，所以，女教师是4位。

由于教职员工总共16位，可知，助理共有7位。又由提示2、提示4可知，男助理刚好是6位，而女助理只有1位。

（二）男教师有5位，女教师有4位，男助理有6位，女助理有1位。因此，如果：

把一位男助理排除在外，则与提示2矛盾；

把一位男教师排除在外，则与提示3矛盾；

把一位女助理排除在外，则与提示4矛盾；

把一位女教师排除在外，则与任何一条提示都不矛盾。

因此，答案是：5位男教师，4位女教师，6位男助理，1位女助理。讲话者是女教师。

14

名钻遭窃

一个富豪价值百万的名钻被偷了。窃贼确定是一起前来参加富豪举办的晚宴的A、B、C、D、E 5人当中的一个。他们在接受警方盘问的时候，都各说了3句话：

A：我没有偷钻戒，我从小到大没偷过任何东西，是D偷的；

B：我没有偷钻戒，我家里很有钱，而且我自己有很多钻戒，D知道是谁偷的；

C：我没有偷钻戒，我在还没有出社会前并不认识E，是D偷的；

D：我没有偷钻戒，是E偷的，A说是我偷的,他说谎；

E：我没有偷钻戒，是B偷的，C可以为我担保，因为我和他从小在一起。

警方经过仔细分析后，发现每个人所说的话中只有两句是真的，另外一句是假的。

★提问★

请问，到底是哪个人偷了富豪的百万名钻呢？

··●解答●··

从提示可知，D虽然被最多人指证，但他并非偷钻戒的小偷，否则就和题目每个人的话只有两真一假互相矛盾。据此，可再依序推知，百万名钻是B偷的。

还有个更简单的方法，因为每个人的3句话中只有一句谎话，而且只有一个小偷，只要说自己没偷，而又说别人偷的，一定不会是小偷，不然的话都会是谎话。全部的人除了B外，都说了那两句话。所以，钻戒是B偷的。

15

四种语言

A、B、C、D四人是一个跨国公司的同事，他们聚在一起聊天。四人分别会中、英、法、日四国语言，其中每人会两种语言：

1.B不会英语，但是A和C交谈，要找他翻译；

2.A会日语，D不会但能交谈。B、C、D三人不会同一种语言。

★提问★

请说出他们各会哪种语言？理由是什么？

·•●解答●•·

如果：

A日语、汉语

C法语、英语

D汉语

又因为B、C、D三人不会同一种语言，B肯定不会日语，且要会一种A的语言，一种C的语言，则就是汉语、法语（B不会英语）。

结果整理：

A日语、汉语

B汉语、法语

C法语、英语

D汉语、英语

16

三个罪犯

一天深夜，一栋公寓连续发生三起重大刑事案件。一起是谋杀案，住在四楼的一名政客被人用手枪打死了；一起是盗窃案，住在二楼的一名富商珍藏的油画被盗了；一起是袭击案，住在底楼的一家门窗被暴徒砸烂了。

报警之后，大批刑警赶到作案现场。根据罪犯在现场留下的指纹、足迹和搏斗的痕迹，警方断定这三起案件是由三名罪犯单独作案的（后来证实这一判断是正确的）。

经过几个月的侦查，终于搜集到大量的确凿证据，逮捕了A、B、C三名罪犯。在审讯中，三名罪犯的口供如下：

A供称：

1.C是杀人犯，他杀掉政客纯粹是为了报过去的私仇；

2.我既然被捕了，我当然要编造口供，所以我并不是一个十分老实的人；

3.B是袭击犯，因为B对一楼住户十分嫉妒。

B供称：

1.A是著名的大盗，我坚信那天晚上盗窃油画的就是他；

2.A从来不说真话；

3.C是袭击犯。

C供称：

1.盗窃案不是B所为；

2.A是杀人犯；

3.总之，我交代，那天晚上，我确实在这个公寓里作过案。

三名罪犯中，有一个的供词全部是真话；有一个最不老实，他说的全部是假话；另一个人的供词中，既有真话也有假话。

★提问★

A、B、C分别做了哪一个案子，你能推测出来吗？

··●解答●··

这个案件从分析A的口供入手更好一些。

A说："我既然被捕了，当然要编造口供，所以我并不是一个十分老实的人。"分析这句话，就可以推定A的口供有真有假。因为，如果A的口供全是真的，那么他就不会说自己编造口供；如果A的口供全是假的，那么他就不会说自己不十分老实。

既然A的口供有真有假，那么B的口供或者是全真的，或者是全假的。

而B说："A从来不说真话。"由此可见，B的这句话是假的，这就可判定B的话不可能是全真的，而是全假的。

既然B的话全假，那么C的话是全真的。而C说A是杀掉政客的罪犯，B不是盗窃作案者，所以B是袭击犯，而盗窃油画的罪犯只能是C本人了。

17
职业

迈克、保罗、贝克三个人是好朋友，他们中间一个人开了一家商店，一个人考上了重点大学，一个人参军了。此外，他们还知道以下条件：

贝克的年龄比士兵的大；

大学生的年龄比保罗的小；

迈克的年龄和大学生的年龄不一样。

★提问★

请推断出这三个人中谁是商人？谁是大学生？谁是士兵？

··●解答●··

如果贝克是士兵，那么就与题目中"贝克的年龄比士兵的大"这一条件矛盾了，因此，贝克不是士兵；如果保罗是大学生，那就与题目中"大学生的年龄比保罗小"矛盾了，因此，保罗不是大学生；假设迈克是大学生，那么，就与题目中"迈克的年龄和大学生的年龄不一样"这一条件矛盾了，因此，迈克也不是大学生。所以，贝克是大学生。由条件"贝克的年龄比士兵的大，大学生的年龄比保罗小"得出：迈克是士兵，保罗是商人。

18

谁做对了

甲、乙、丙三个人在一起做作业。有一道数学题比较难，当他们三个人都把自己的解法说出来以后，甲说"我做错了"，乙说"甲做对了"，丙说"我做错了"。老师凑巧从旁边过去，看到他们的答案，并听了他们的意见后，说："你们三个人中有一个人做对了，有一个人说对了。"

★提问★

请问，他们三人中到底谁做对了？

●解答●

如果甲做对了，则：甲说错了，乙说对了，丙说对了。两个人说对，不符合题意。

如果乙做对了，则：甲说对了，乙说错了，丙说对了。两个人说对，也不符合题意。

如果丙做对了，则：甲说对了，乙说错了，丙说错了。一个人说对，一个人做对，符合题目要求。

19

鞋子的颜色

丽莎买了一双漂亮的鞋子，她的同学都没有见过这双鞋子，丽莎让大家猜猜鞋子是什么颜色的。汉娜说："你买的鞋子不会是红色的，你从来不喜欢红色。"拉拉说："你买的鞋子不是黄色的，就是黑色的。"艾玛看了看丽莎身上的衣服，说："根据你的服装搭配风格，我猜你买的鞋子一定是黑色的。"这三个人的看法至少有一种是正确的，至少有一种是错误的。

★ 提问 ★

请问，丽莎的鞋子到底是什么颜色的？

·•● 解答 ●•·

假设丽莎的鞋子是黑色的，那么三种看法都是正确的，不符合题意；假设是黄色的，前两种看法是正确的，第三种看法是错误的；假设是红色的，那么三句话都是错误的。因此，丽莎的鞋子是黄色的。

20

谁偷吃的

玛丽女士买了一些水果准备去看望一个朋友。谁知，这些水果却被她的儿子偷吃了。玛丽女士非常生气，但她不知道是四个儿子中的哪一个偷吃的。为此，她把四个儿子叫到一块，开始盘问他们。老大说道："是老二偷吃的。"老二说道："是老四偷吃的。"老三说道："反正我没有偷吃。"老四说道："老二在说谎。"这四个儿子中只有一个说了实话，其他的三个都在撒谎。

★提问★

那么，到底是谁偷吃了这些水果？

••●解答●••

假如老大说的是实话，那老二就在撒谎，老四说老二说谎也是撒谎，互相矛盾，所以老大说的是谎话。所以不是老二偷吃的。

第二次假设老二说的是实话，那就是老四偷吃的，但是这又与老三的话相矛盾，所以老二也在撒谎，不是老四偷吃的。

再次假设老三说的是实话，则老二与老四的话也相矛盾，所以老三也在撒谎。

这样一来，只有老四说了实话，其他的都在撒谎。因此，老三说的"反正我没偷吃"就是谎话，就是他偷吃的。

21

夜明珠究竟在哪儿

一个大商人的夜明珠丢了，报官之后，捕快们开始四处寻找。根据线索，他们来到了一座山上，看到有三个小屋，分别为1号、2号、3号。从这三个小屋里分别走出来一个女子，1号屋的女子说"夜明珠不在此屋里"，2号屋的女子说"夜明珠在1号屋里"，3号屋的女子说"夜明珠不在此屋里"。这三个女子，只有一个人说了真话。

★ 提问 ★

那么，谁说了真话？夜明珠到底在哪个屋里面？

··● 解答 ●··

我们可以进行三种假设：

1号说了真话。夜明珠不在1号屋，那就在2号、3号屋里。2号说在1号屋里，那就是错的。3号说不在3号屋里，那也是错的。

2号说了真话。那1号说的就是错的，而3号说的是对的。不符合题目。

3号说了真话。那夜明珠就在1号、2号屋里，也不符合题目。

综上所述，1号说了真话。夜明珠在3号屋里。

22

谁摘了葡萄

有四只小松鼠一块去果园摘果子，回来时妈妈问它们都摘了什么果子。松鼠A说："我们每个人都摘了葡萄。"松鼠B说："我只摘了一颗樱桃。"松鼠C说："我没摘葡萄。"松鼠D说："有些人没摘葡萄。"妈妈仔细观察了一下，发现它们当中只有一只松鼠说了实话。

★ 提问 ★

那么下列的评论正确的是：

a.所有的松鼠都摘了葡萄；

b.所有的松鼠都没有摘葡萄；

c.有些松鼠没摘葡萄；

d.松鼠B摘了一颗樱桃。

·•● 解答 ●•··

假设松鼠A说的是真话，那么其他三只松鼠说的都是假话，这符合题中仅一只松鼠说实话的前提；假设松鼠B说的是真话，那么松鼠A说的就是假话，因为它们都摘水果了；假设松鼠C或D说的是实话，这两种假设只能推出松鼠A说假话，与前提不符。所以a选项正确，所有的松鼠都摘了葡萄。

23

走哪条路

有一个外地人路过一个小镇，此时天色已晚，于是他决定找家宾馆去投宿。当来到一个十字路口时，他知道肯定有一条路是通向宾馆的，可是路口没有任何标记，只有三个小木牌。第一个木牌上写着：这条路上有宾馆。第二个木牌上写着：这条路上没有宾馆。第三个木牌上写着：那两个木牌有一个写的是事实，另一个写的是假的。

★提问★

以第三个木牌的话为依据，你觉得他会找到宾馆吗？如果可以，哪条路上有宾馆？

··●解答●··

假设第一个木牌是正确的，那么第一个小木牌所在的路上就有宾馆，第二条路上就没有宾馆，第二句话就该是真的，结果就有两句真话了；假设第二句话是正确的，那么第一句话就是假的，第一条路上和第二条路上都没有宾馆，所以走第三条路，并且符合第三句所说，第一句是错误的，第二句是正确的。

24

今天星期几

有一富翁，为了确保自己的人身安全，雇了一对双胞胎兄弟做保镖。兄弟两个确实尽职尽责，为了保证雇主的安全，他们制定了这样的行事准则：

a.每周一、二、三，哥哥说谎；

b.每周四、五、六，弟弟说谎；

c.周日两人都说真话。

一天，富翁的一个朋友急着找富翁，他知道要想找到富翁只能问兄弟俩，并且他也知道兄弟俩的行事准则，但这个朋友不知道谁是哥哥，谁是弟弟。所以如果要知道富翁在哪，就必须知道谁是哥哥谁是弟弟。于是，他便问其中的一个人：昨天是谁说谎的日子？结果两人都说：是我说谎的日子。

★提问★

你能猜出今天是星期几吗？

⋯●解答●⋯

当天不可能是星期天，因为根据提示，星期天两人都会说真话，则弟弟应该会说他昨天（星期六）说真话才对。

当天不可能是星期五或星期六，因为那两天弟弟说谎话，则他

应该说他昨天（星期四或星期五）说真话才对。

当天也不可能是星期二或星期三，因为那两天哥哥说谎话，则他应该说他昨天（星期一或星期二）说真话才对。

当天也不可能是星期一，因为当天哥哥说谎话，弟弟说真话，则弟弟应该说他昨天说真话才对。

所以，答案就是星期四。

25

冠军是谁

电视上正在进行足球世界杯决赛的实况转播，参加决赛的国家有美国、德国、巴西、西班牙、英国、法国六个国家。三个球迷甲、乙、丙对谁会获得此次世界杯的冠军进行了一番讨论：甲认为，冠军不是美国，就是德国；乙坚定地认为冠军绝不是巴西；丙则认为，西班牙和法国都有可能取得冠军。比赛结束后，三人发现他们中只有一个人的看法是对的。

★提问★

那么，哪个国家获得了冠军？

●解答●

先假设甲正确，冠军不是美国就是德国，但是这样不能否定乙的看法，所以甲的评论是错误的，冠军不是美国或者德国；如果冠军是巴西的话，甲的评论就是错误的，乙的评论也就是错误的，丙的评论就是正确的。这与题意相符，所以冠军是巴西队。

26 赔了多少

一天，托比的小超市里来了一位顾客，挑了20美元的货，顾客拿出50美元，托比凑巧没零钱找不开，就到隔壁瑞娜的店里把这50美元换成零钱，回来给顾客找了30美元零钱。过了一会儿，瑞娜来找托比，拿着托比的那张50美元，那竟然是张假钱，托比只好给瑞娜换了张真钱。

★提问★

在这一过程中托比赔了多少钱？

··●解答●··

首先，顾客给了托比50美元假钞，托比没有零钱，换了50美元零钱，此时托比并没有赔，当顾客买了20美元的东西，由于50美元是假钞，此时托比赔了20美元，换回零钱后托比又给顾客30美元，此时托比赔了20+30=50美元，当瑞娜来索要50美元时，托比手里还有换来的20美元零钱，他要再从自己的钱里拿出30美元，此时托比赔的钱就是50+30=80美元，所以托比一共赔了80美元。

27
过桥

星期天，皮特全家人出去游玩，由于玩得太高兴了，忘记了时间，皮特想起的时候已经是黄昏了。他们慌慌张张地来到一条小河边，急着到对面去赶最后一班公交车。他们只有3分钟的时间，河上有座桥，一次只允许两个人通过。如果他们一个一个过桥的话，皮特要15秒，妹妹要20秒，爸爸要8秒，妈妈要10秒，奶奶要23秒。如果两个一块过桥的话，只能按着走路慢的人的速度来走。过桥后还要走2分钟的路。

★提问★

问皮特一家能否赶上公交车？他们该怎样过桥？过桥用了多长时间？

··●解答●··

第一步：在这里奶奶走得最慢，其次是妹妹，然后是皮特、妈妈、爸爸，所以应该让走得最慢和次慢的同时过桥，也就是先让奶奶和妹妹过桥，所用时间以奶奶为准，即23秒；

第二步：这一次同样让走路最慢和其次的同时过，即皮特和妈妈过桥，所用时间以皮特为准，即15秒；

第三步：这一次爸爸一个人过，所用时间是8秒。此时他们一家过桥一共用了46秒；

第四步：过完桥他们还要走两分钟的路，总共需要2分46秒，所以他们赶得上公交车。

28

卖苹果

一个商人赶一辆马车走50千米的路程去县城卖苹果，他总共有50箱苹果，一个箱子的容量是30个，马车一次可以拉10箱苹果。商人进城时总喜欢带上他的小儿子，在进城的路上他的儿子每走一千米就要吃掉一个苹果。

★提问★

那么，商人走到县城开始卖时还有多少个苹果？

··●解答●··

由于马车一次运10箱苹果，一箱有30个苹果，也就是商人进一次城运300个苹果，走一千米商人的儿子都要吃一个，当到达城里时，他的儿子已经吃了49个苹果，第二次同样他的儿子都要吃掉49个苹果，第三次、第四次、第五次也一样，所以最后他儿子一共吃了49×5=245个苹果，所卖苹果总数是50×30-245=1255个苹果。

29

买饮料

一个夏天的中午，迈克拿着宿舍同学一起凑的40美元来到宿舍楼下的商店，他们想用这些钱全部买成饮料。商店老板告诉他，饮料2美元一瓶，而四个空饮料瓶可以换一瓶饮料。饮料喝完后，同学们又委托迈克拿着饮料瓶下来换饮料。

★ 提问 ★

迈克可以买到多少瓶饮料？

··●解答●··

先用40美元钱买20瓶饮料，得到20个饮料瓶，四个饮料瓶换一瓶饮料，就又得到五瓶，再得五个饮料瓶，还可以换得一瓶饮料，这样总共得20+5+1=26瓶饮料。

30

买书

贝拉和丽莎一块到书店去买书，两个人都很想买《应用题大全》这本书，但钱都不够，贝拉缺少4.9美元，丽莎缺少0.1美元。两个人把钱合起来买一本，但是钱仍然不够。

★提问★

这本书的价格是多少？贝拉和丽莎各有多少钱呢？

··●解答●··

这本书的价格是4.9美元。贝拉口袋里一分钱都没有，丽莎口袋里只有4.8美元，所以她俩加起来都不够。

31
商人买马

一个商人从牧民那里用1000美元买了一匹马。过两天，他认为自己吃亏了，又找到那个牧民，故意挑出了马的很多毛病，要求牧民退回300美元。牧民说："可以，如果你能按我的要求买下马蹄铁上的12颗钉子，第一颗是2美元，第二颗是4美元，也就是说每一颗钉子是前一颗的2倍，我就把马送给你，怎么样？"商人想了想，觉得这样加下去也不会花多少钱，以为自己占了便宜，便爽快地答应了。

★提问★

最后的结果是什么？为什么？

·•●解答●•·

商人上当了。因为按照第二颗是第一颗的2倍这个规律买时，所得的数字是成等比数列的，最终牧民所得的钱数是4096美元，这个数字远远大于商人原来付的1000美元，所以商人上当了。

32

有多少人迷路

有九个人在沙漠里迷了路，他们所有的粮食只够再吃五天。第二天，这九个人又遇到了一队迷路的人，这一队人已经没有粮食。大家算了算，两队合吃粮食，只够再吃三天，所以大家齐心协力，互相帮助，终于在三天内走出了沙漠。

★提问★

第二队迷路的人有多少呢？

·•●解答●•·

这九个人遇到第二队人的时候已经吃掉了一天的粮食，所以剩下的只够这九个人再吃四天，但第二队加入后只能吃三天，也就是说第二队在三天内吃的食物等于九个人一天的粮食，因此，第二队有三个人。

33

免费的午餐

一个家庭里面有五口人，每到周末，这家人总是去附近一家饭店吃饭。一天，这家人又聚在这家饭店里，爸爸跟老板已经很熟了，就开玩笑地提议让老板给他们点优惠，免费送他们一餐。聪明的老板想了想，说道："你们这一家人是我们这里的常客，只要以后再来吃饭时，你们每人每次都换一下位子，直到你们五个人的排列次序没有重复的时候为止。到那一天之后，别说免费给你们送一餐，送10餐都行。怎么样？"

★提问★

这家人要在这个饭店吃多长时间饭才能让老板免费送10餐呢？

··●解答●··

每次换一下位子，第一个人有5种坐法，第二个人有4种坐法，第三个人有3种坐法，第四个人有2种坐法，第五个人有1种坐法，共有120种坐法。这家人每一周去这个饭店吃一次饭，那他们要去120次，得经过120周，即840天才能吃到老板免费送的10餐，也就是说要两年多以后了。

34

核桃有多少

有一堆核桃，如果5个5个地数，则剩下4个；如果4个4个地数，则剩下3个；如果3个3个地数，则剩下2个；如果2个2个地数，则剩下1个。

★提问★

这堆核桃至少有多少呢？

··●解答●··

根据题意可知，这5种数法都缺一个核桃，那么，如果加1个核桃的话，就可以整除这5个数了。也就是说，加1个核桃，这个数就是2、3、4、5的最小公倍数，也就是120。所以，这堆核桃至少有119个。

35

小山羊买外套

小白羊、小黑羊、小灰羊一起去逛街，各买了一件外套。三件外套是同一种款式的、但颜色分别是白色、黑色、灰色。

回家的路上，一只小羊说："我很久以前就想买白外套，今天终于买到了！"说到这里，她好像发现了什么，惊喜地对同伴说："今天我们三个可真有意思，白羊没有买白外套，黑羊没有买黑外套，灰羊没有买灰外套。"

小黑羊说："真是这样的，你要是不说，我还真没有注意这一点呢！"

★提问★

你能根据他们的对话，猜出小白羊、小黑羊和小灰羊各买了什么颜色的外套吗？

··●解答●··

根据第一只羊的话，买白外套的一定不是小白羊，那就可能是小黑羊或者是小灰羊，但是根据小黑羊的话，说话的一定是小灰羊，那么小灰羊一定买了白外套。小黑羊没有买黑外套，也不能买白外套，只能买灰外套。小白羊只能买黑外套了。

36
哪个学校录取了他们

莎拉、大卫、保罗三人分别被哈佛大学、牛津大学和剑桥大学录取了，但不知道他们各自究竟是被哪个大学录取了。有人做了以下猜测：

甲：莎拉被牛津大学录取，保罗被剑桥大学录取；

乙：莎拉被剑桥大学录取，大卫被牛津大学录取；

丙：莎拉被哈佛大学录取，保罗被牛津大学录取。

结果他们每个人都只猜对了一半。

★提问★

莎拉、大卫、保罗三人究竟是被哪个大学录取了？

·•●解答●•·

假设保罗被剑桥大学录取正确，根据甲、乙，莎拉就不会被牛津和剑桥录取，那么他一定被哈佛录取；大卫就要被牛津大学录取，符合题设条件。

37
她的年龄究竟有多大

四个女孩子在猜测一部热播电影主演的年龄，实际上她们中只有一个人说对了。

西蒙：她不会超过20岁；

肖恩：她不超过25岁；

皮特：她绝对在30岁以上；

凯斯：她的岁数在35岁以下。

★提问★

那么，下列推测正确的是：

A.西蒙说得对；

B.她的年龄在35岁以上；

C.她的岁数在30～35岁之间；

D.凯斯说得对。

··●解答●··

这道题最好用排除法，根据条件,只有一个人是正确的,如果西蒙说得对，那么肖恩和凯斯说的也对，所以排除A；同理,肖恩说的也不对，如果皮特说的是对的，凯斯说的也可能对，反之也是如此，排除C、D。所以正确答案是B。

38
谁是杰克夫人

杰克先生认识劳拉、丽莎、苏菲、汉娜、拉拉五位女士，其中：

（1）五位女士分别属于两个年龄段，有三位小于30岁，两位大于30岁；

（2）五位女士中有两位是教师，其他三位是秘书；

（3）劳拉和苏菲属于相同年龄段；

（4）汉娜和拉拉不属于相同年龄段；

（5）丽莎和拉拉的职业相同；

（6）苏菲和汉娜的职业不同；

（7）杰克先生的老婆是一位年龄大于30岁的教师。

★提问★

请问谁是杰克先生的老婆？

··●解答●··

由条件3、4可得，劳拉、苏菲一定小于30岁，汉娜和拉拉有一个人小于30岁，根据条件7杰克先生不会娶劳拉、苏菲。由5、6可得，丽莎和拉拉的职业是秘书，汉娜和苏菲有一个人是秘书，根据条件7杰克先生不会娶丽莎、拉拉。所以只有汉娜女士符合条件。

39

是谁帮忙

瑞娜生病了，贝拉、凯伊、艾玛三个同学中有一人帮助她补好了笔记。当瑞娜问这是谁帮她时，

贝拉说："凯伊干的。"

凯伊说："不是我干的。"

艾玛说："也不是我干的。"

事实上，有两个人在说假话，只有一个说的是真话。

★提问★

这件好事到底是谁做的？

··●解答●··

我们用排除法来推理：

（1）若是贝拉做的，则三人说话中有二真一假，不合题意；

（2）若是凯伊做的，则三人说话中还是二真一假，不合题意；

（3）若是艾玛做的，则三人说话二假一真，则符合题意。

所以，正确答案为：艾玛做的。

40

谁养鱼

前提：

1.有五栋五种颜色的房子；

2.每一位房子的主人国籍都不同；

3.这五个人每人只喝一种饮料，只抽一种牌子的香烟，只养一种宠物；

4.没有人有相同的宠物，抽相同牌子的香烟，喝相同的饮料。

提示：

1.英国人住在红房子里；

2.瑞典人养了一条狗；

3.丹麦人喝茶；

4.绿房子在白房子左边；

5.绿房子主人喝咖啡；

6.抽Pallmall烟的人养了一只鸟；

7.黄房子主人抽Dunhill烟；

8.住在中间那间房子的人喝牛奶；

9.挪威人住第一间房子；

10.抽混合烟的人住在养猫人的旁边；

11.养马人住在抽Dunhill烟的人旁边；

12.抽BlueMaster烟的人喝啤酒；

13.德国人抽Prince烟；

14.挪威人住在蓝房子旁边；

15.抽混合烟的人的邻居喝矿泉水。

★提问★

请回答：谁养的是鱼？

·●解答●·

这是一道十分复杂的题，但是我们可以经过细致的推理得出答案，且本题有很多的解题方法。下面仅列出其中一个答案。

推理过程：

首先定位一点，我们是按照房子的位置，从左至右，1、2、3、4、5依次排开。

挪威人住第一间房，在最左边。英国人住红色房子，挪威人住蓝色房子隔壁，挪威人房子的颜色只能是绿、黄、白，绿色房子在白色房子左面，挪威人住蓝色房子隔壁，就只能住黄色房子，抽Dunhill香烟。

第二间房是蓝色房子，养马的人住在抽Dunhill香烟的人隔壁，所以第二间房子的主人养马。绿色房子在白色房子左面，绿色房子只能在第三或者第四间。如果绿色房子在第三间（即中间那间），住在中间房子的人喝牛奶，绿色房子的主人喝牛奶，这与条件中绿色房子主人喝咖啡相矛盾。假设错误，绿色房子在第四间，其主人喝咖啡。进一步推出第三间房子是红色房子，住英国人，喝牛奶。第五间房子是白色房子。

丹麦人喝茶，绿色房子主人喝咖啡，英国人喝牛奶，抽BlueMaster的人喝啤酒，挪威人只能喝水。抽Blends香烟的人有一个喝水的邻居，抽Blends香烟的人只能住第二间房子。

现在我们来整理一下，第一间房子是黄色房子，住挪威人，抽Dunhill香烟，喝水。第二间房子是蓝色房子，主人养马，抽Blends香烟。第三间房子是红色房子，住英国人，喝牛奶。绿色房子在第四间，其主人喝咖啡。第五间房子是白色房子。抽BlueMaster的人喝啤酒，既抽BlueMaster，又喝啤酒的人只能住在第五间房子。

德国人抽Prince香烟，德国人只能住第四间房子。抽PallMall香烟的人养鸟，只有英国人抽PallMall香烟，养鸟。抽Blends香烟的人住在养猫的人隔壁，抽Blends香烟的人的隔壁只可能是挪威人或者英国人，养猫的人是挪威人或者英国人，英国人养鸟，养猫的人是挪威人。

第一间房子是黄色房子，住挪威人，抽Dunhill香烟，喝水，养猫。第二间房子是蓝色房子，主人养马，抽Blends香烟。第三间房子是红色房子，住英国人，喝牛奶，抽PallMall香烟，养鸟。第四间房子是绿色房子，住德国人，抽Prince香烟，喝咖啡。第五间房子是白色房子，主人抽BlueMaster香烟，喝啤酒。

瑞典人养狗，又第一、二、三间房子的主人都不养狗，第四间房子的主人是德国人，第五间房子住瑞典人，养狗。第一、三、四、五间房子的主人分别是挪威人，英国人，德国人，瑞典人，第二间房子的主人是丹麦人，喝茶。

我们来最后整理一下答案。第一间房子是黄色房子，住挪威人，抽Dunhill香烟，喝水，养猫；第二间房子是蓝色房子，住丹麦人，抽Blends香烟，喝茶，养马；第三间房子是红色房子，住英国人，抽PallMall香烟，喝牛奶，养鸟；第四间房子是绿色房子，住德国人，抽Prince香烟，喝咖啡；第五间房子是白色房子，住瑞典人，抽BlueMaster香烟，喝啤酒，养狗。

结论：如果其中有人养鱼，则养鱼的必定是德国人！

41

一美元到哪儿去了

有三个人一起去旅店住宿，他们住了三间房，每间房的租金10美元，于是他们付给了老板30美元。第二天，老板觉得25美元就够了，于是就让伙计退5美元给这三位客人，谁知伙计贪心，只退回每人1美元，自己偷偷拿了2美元。这样一来便等于那三位客人各花了9美元，于是三个人一共花了27美元，再加上伙计独吞的2美元，总共29美元。可当初三个人一共付了30美元，那么，还有1美元到哪里去了？

★提问★

你觉得那1美元到哪里去了呢？

··●解答●··

这是个偷换概念的问题，每人每天9美元，老板得到25美元，伙计得到2美元，27=25+2，也就是说客人花的27美元里已经包括了25美元房费和伙计吞掉的2美元。

42
帽子的颜色

有三个犯人，被关在同一座监狱里，并且相距不远。但是因为牢门的玻璃很厚，所以三个犯人只能看见对方，不能听到对方的话。一天，国王下令给他们每个人头上都戴了一顶帽子，告诉他们帽子的颜色只有红色和黑色两种，但是不让他们知道自己所戴的帽子是什么颜色。在这种情况下，国王又先后颁布命令：哪个犯人能看到其他两个犯人戴的都是红帽子，就可以释放谁。这个命令颁布一段时间，没有犯人被释放，国王就又颁布了一条命令：哪个犯人知道自己戴的是黑帽子，也可以释放谁。

事实上，他们三个戴的都是黑帽子。只是他们因为被绑，看不见自己的罢了。两个月的时间过去了，他们三个人只是互相盯着，谁都不说话。可是过了不久，一个聪明的犯人，我们叫他犯人A吧，用推理的方法，认定自己戴的是黑帽子，获得了国王的特赦。

★提问★

他是怎样推理的呢？

··●解答

在国王宣布过第一条命令后，过了一段时间，仍没人被释放。因此，可以证明3顶帽子中没有2顶红帽子，也可以说三个人中可能有2黑1红，或者3黑。假设A戴的是红帽子，于是他就会看见2顶黑的，B和C都可以看见1黑1红。但是既然红帽子在A头上，那么B和C都应该确定自己戴的是黑帽子。但是他们都没有获赦，所以A不可能戴红帽子。因此A推定自己头上戴的肯定是黑帽子。

43

分蘑菇

天气晴朗，两只小兔子开开心心地到森林里去采蘑菇。森林里的蘑菇可真不少，他们很快就捡了一大堆，但在分蘑菇的时候，两只小兔子却争吵了起来，因为他俩怎么分都嫌不公平。怎样才能把这堆蘑菇平均分配呢？最后，他们找到了森林中最聪明的猴子，让他来处理这个问题。于是，猴子给它们出了个分蘑菇的主意。分完后，两只小兔子都拿着自己的蘑菇，高高兴兴地回去了。

★提问★

你知道猴子给他们出的是什么主意吗？

··●解答●··

猴子给他们出的主意就是：兔子A先将蘑菇平均分成两份，然后由兔子B在两份中挑走其中的一份，剩下的一份就是属于兔子A

的。因为蘑菇是由兔子A分的，所以在他的眼中，这两份当然是一样多的。兔子B在两份中挑选的时候，自然也会挑走他认为比较大的一份。这样，两只兔子便都满意了。

44

100个玻璃珠

假设一个桌子上排列着100个玻璃珠，由两个人轮流拿起来装入口袋，谁拿到第100个就是胜利者。但是有一个条件：每次至少要拿1个，但最多不能超过5个。

★提问★

如果你是最先拿的人，你该拿几个？以后怎么拿就能保证你能得到第100个玻璃珠？

··●解答●··

一定要先拿4个，还剩96个。96是6的16倍，由于最多可以拿5个，最少必须拿一个，所以无论第二个人下次拿几个，你接着拿的必须跟他的加起来等于6。这样每次你拿完后，剩下的数目都是6的倍数。这样等到剩下最后6个时，无论第二个人拿几个都是你赢。

45

学者解谜

从前，有个学者在当地的财主家里教私塾，财主是个吝啬的家伙，故意处处刁难学者，总想借故克扣学者的工钱。

有一天，快要发工资了，财主又去找学者，出了一个谜语："坐也坐，卧也坐，立也坐，走也坐，打一动物。你要是猜不出来，我就要扣你一半的工钱。"

学者听罢，笑了笑，对道："坐也卧，卧也卧，立也卧，走也卧，也打一动物，而且我的谜底能吃掉你的谜底。"

财主顿时傻眼了，猜不出来。

★提问★

请问，这两个谜语中的谜底到底是哪两种动物呢？

·•●解答●•·

财主的谜语谜底是青蛙，因为青蛙什么时候都是蹲着的；学者的谜底是蛇，蛇一直是匍匐前进，而且蛇也能吃青蛙。

46

天平应该倾向哪边

夏天的时候，集市上一个瓜贩子为了称西瓜方便，在天平的一端放了一大块冰块，另一端放上一个西瓜。由于重量相等，天平刚好平衡。

★提问★

请问，在这炎热的高温下，你认为天平最后会向哪边倾斜？

··●解答●··

冰块和炎热的天气是用来迷惑的条件，实际上冰块化成水重量也不会减轻多少，而西瓜很快会卖掉，天平会向冰块倾斜。

47

租房子

有一家三口人刚搬到一座城市，于是夫妻俩带着5岁的女儿去找房子。他们跑了一天，直到傍晚，才好不容易看到一张公寓出租的广告。

他们过去看了看，房子很满意。于是，丈夫就前去敲门询问。房东出来，打量了一下三位客人后，遗憾地说："啊，实在对不起，我们公寓不招带孩子的住户。"

夫妻俩觉得很遗憾，但还是默默地走开了。5岁的小女孩把事情的经过从头至尾都看在眼里，她突然跑回去按响了房东的门铃。房东出来后，小女孩对他说了几句话，房东被逗得哈哈大笑，竟然答应把房子租给他们，而且说起来这也并没有违背房东的初衷。

★提问★

这位5岁的小孩子说了什么话，终于说服了房东？

··●解答●··

小女孩对房东说："那我就来租您的房子吧，我可没带小孩。"面对这么聪明可爱的孩子，房东当然不忍拒绝。

48
篮球赛

在一次篮球比赛中，在同一组里的甲队与乙队正在进行一场关键性比赛。对甲队来说，需要赢乙队6分，才能在小组出线。而时间离终场只有6秒钟了，甲队只领先了2分。要想在6秒钟内再赢乙队4分，显然是不可能的。

这时，如果你是教练，你肯定不会甘心认输，而你还有一次叫停的机会。

★提问★

你将给场上的队员出什么主意，才有可能赢乙队6分？

••●解答●••

再让乙队进一球，这样两队就能打平进入加时赛，因为无论是两分获胜还是加时赛输球，都无法出线了，但加时还是有很大希望取得领先6分的成绩。乙队也一定配合争取获胜，这是一个双赢的选择。

49

谁偷了喇叭

周末晚上，一家乐器商店被盗。盗贼是砸碎了商店一扇门上的玻璃窗后钻进店内行窃的。他接连撬开了三个钱箱，共盗走了1225元，又从陈列橱窗里拿走了一只价值1.4万元的喇叭，放在一个普通的喇叭盒里提走了。

警方对作案现场进行了仔细搜查，断定这起窃案是对这家乐器商店非常熟悉的人干的。于是，警方把怀疑对象限定在汉森、莱格和海德里三个少年学徒身上，认定他们三人中肯定有一个是罪犯。

三个少年被带到警官索伦森先生的面前，桌子上放着三支笔和三张纸。索伦森对他们说："我请你们来，是想请你们与我合作，帮我查出罪犯。现在请你们每人写一篇短文，你们先假设自己是窃贼，然后设法破门进入商店，偷些什么东西，采取什么措施来掩盖偷窃现场。好，开始吧，30分钟后我收卷。"

30分钟后，索伦森让三个少年停笔，并朗读他们自己刚写的短文。

汉森极不情愿地读着："周末早晨，我对乐器店进行了仔细观察，发觉后院是最理想的下手地方。到了晚上，我打碎了一扇边门的玻璃窗，爬了进去。然后我就找钱，再然后我就从橱窗里拿了一把很值钱的喇叭，轻手轻脚地溜出商店回家啦。"

轮到莱格读了："我先用金钢刀在橱窗上割了个大洞，这样别人就不会想到是我干的。我也不会去撬三个钱箱，因为这会发出响声。我会去拿喇叭，把它装进盒子里，藏在大衣下面，这样就不会引起别人的注意。"

最后是海德里读："深夜，我在暗处撬开商店的边门，戴着手套偷抽斗里的钱，偷橱窗里的喇叭。我要用这钱买一副有毛衬里的真皮手套，等时间长了，人们忘记了这桩盗窃案后，我就会出售这只珍贵的喇叭。"

索伦森听完，指着其中的一个少年说："小家伙，告诉我，你为什么要干这种坏事？"那个少年顿时惊恐万状，疑惑地看着索伦森，不知他是怎么知道自己就是盗窃人的。

★提问★

这个少年是谁？索伦森根据什么识破了他？

·●解答●·

是莱格干的。他暴露出了喇叭是藏在盒子里被偷走的，而且还知道店里有三个钱箱被撬。此外，他为了掩饰自己，在短文里描写的所有的行动几乎都跟实际发生的事实相反。

50

威尼斯照片

一个案件的犯罪嫌疑人从欧洲旅游回国，刚下飞机不久，就被等候在机场的刑警逮捕了。当问他有没有上周不在现场的证据时，他拿出了一张照片递给刑警，并做了这样的回答："如果是星期五，那时我正在水城威尼斯。这是我从西德去罗马的途中，在威尼斯逗留了一夜的证明，当时我住在桑·马尔格寺院附近的一家小旅馆里。这是在旅馆附近拍的照片。你瞧，汽车停在街道上，后面的运河，还有游览船……"

可是，刑警只看了一眼照片，就一针见血地揭穿了他的谎言："你胡说，这是你在其他有运河的地方的街上拍的。我虽然没有去过威尼斯，但旅游的地理常识我还是有的，你别想用这种照片来愚弄我。"

★提问★

这张照片违反了旅游的地理常识了吗？问题出在哪里呢？

··●解答●··

既然说照片是在威尼斯拍的，那么照片里有汽车就是不可能的。因为水城威尼斯是由118个小岛和大约400座桥联结在一起的，117条运河是这座城市的主要交通路线。威尼斯与对面的意大利本土大陆之间，是以大铁桥连接起来的，汽车只能进入岛屿的入口处，根本无法进入市内。所以说，位于旧市区的桑·马尔格寺院附近是绝对不会有汽车停在那里的。这说明犯罪嫌疑人是在说谎。

51

进屋者是谁

葛顿探长去拜访黛妮，他按了一下门铃，却没有人应答。

黛妮家的门上装的是自动锁，一旦装上，除非有钥匙，否则外面的人是根本进不去的。葛顿感到很奇怪，就去请管理员用钥匙把门打开。他进去一看，只见黛妮穿着睡衣，胸部被人刺了一刀，死在了地上。经过检查和推测，死亡的时间大约是在昨晚9点前后。

经调查，昨晚9点前后共有两个人来找过黛妮小姐，一个是她的情人，一个是她的学生，这个学生是当地出名的流氓。在讯问这两个犯罪嫌疑人时，他们都说自己按了门铃后，见里面没人应答，

以为黛妮不在家，就回去了，绝没有进屋去。

葛顿探长在听了他们两个的诉说之后，突然想起黛妮小姐的房门上有个门镜，于是他迅速确定了谁是真正的凶手。

★提问★

葛顿探长为什么能迅速确定谁是真正的凶手？

••●解答●••

真正的凶手是黛妮小姐的情人。因为，黛妮小姐是穿着睡衣被人杀死的。而她家门上有个门镜，当门铃响起时，她必定会先看来人是谁。如果来人是那个学生，她肯定不会穿着睡衣迎客，只有在看到来人是自己的情人时，她才会穿着睡衣让他进来。

52
富商的遗嘱

有一位重病在床的富商，眼看就不行了。这时，他将自己的两个儿子叫到身边，对他们说："我可能活不长了，我这里有9颗宝石，无法平分给你们，所以，我想到一个办法：如果你们两人之中谁能将这9颗宝石分别装在四个袋子里，并且既保证每个袋子里都有宝石，又能使每个袋子里的宝石数是单数，我就分给那个人五颗宝石，另一个人就只能得到剩下的四颗宝石了。"

大儿子十分苦恼，想了半天，分不开，放弃了。小儿子想了想，迅速地把9颗宝石分别装在了四个袋子里。

★提问★

富翁的小儿子是如何把9颗宝石分别装在了四个袋子里的呢？

••●解答●••

分装的过程是这样的。富翁的小儿子先拿出来三个袋子，在这三个袋子里分别装上了一颗、三颗和五颗宝石，然后，他把这三个袋子一起装进了剩下的第四个袋子里。这样，正好让每个袋子里都装有宝石，并且每个袋子里的宝石数量都是单数。

53
你不能罚我款

著名的英国小说家狄更斯在湖边悠闲地钓鱼，这时，一个陌生人过来跟他搭讪："您好，这里能钓上鱼来吗？""噢，当然能啊。"狄更斯热情地回答说。"可没见你钓上来啊。""就是呢，今天钓了半天，也没见一条鱼上钩；可就在昨天，也是在这儿，我一下子就钓到了15条呢！""噢，真的是这样吗？"陌生人高兴地了起来，"那你知道我是谁吗？"狄更斯困惑地摇了摇头："什

么意思？""告诉你吧，我是这一带专门检查钓鱼的。因为这个湖是禁止钓鱼的，违者罚款。"他边说边从口袋里掏出了罚款单，准备开罚款单。见此情景，狄更斯乐了，他不慌不忙地反问了一句："那你知道我是谁吗？"这一次轮到罚款先生困惑了："你是谁也要罚款啊！""我就是作家狄更斯，你无法罚我的款……"当狄更斯说出理由后，罚款先生还真的拿这位作家毫无办法。

★提问★

狄更斯是用什么理由避免罚款的呢？

··●解答●··

当时狄更斯说出了一个无可辩驳的理由："我的职业是作家，作家的本职工作就是虚构故事，刚才我说昨天钓了15条鱼，那是我虚构的。"

54
变魔法

森林王国的小动物们开始上数学课了。大象校长对小动物们说："今天呢，我要给大家变一个小小的魔法。"小动物们都十分喜欢魔术，听大象校长这么一说，顿时都高兴极了。

只见大象校长用粉笔在黑板上画了一个正方形，并将它切去了一个角。大象校长问小动物们："同学们，这个正方形切去一个角之后，还剩几个角呢？""五个。"小动物们迅速地回答。大象校长接着又说："请同学们在你们的本子上面重新画一个正方形，切去一个角，能让它变成其他答案吗？"这下可难倒了这群调皮的小动物。

★提问★

这群小动物正确的答案是什么？

··●解答●··

切去一个角后，除了剩五个角外，还可以剩三个角，也可以剩四个角。

55 临场发挥

德国某个大型电视剧正在紧张拍摄过程中，但女主角因病不能到场，所以必须马上寻找一个合适的替身拍一些远景戏。于是，该剧组在当天举办了一场紧急试演会，有一位漂亮的小姐前来应征。当她独自进入试演的房间时，评审委员便对她说："请你做个动作，并进行台词的即兴表演，随便什么都可以。"这位小姐当场做了一个表演，结果还没有等到试演完毕，该剧组就不得不录用她。

★提问★

这位小姐究竟做了什么表演使得剧组不得不录用她呢？

··●解答●··

这位小姐打开试演房间的门，对门外的其他应征者说："这次的紧急试演会已经结束了，我们剧组已经确定了合适的人选，请各位女士都回去吧。"门外面的应征者听到这段话之后，都离开了，这样就只剩下她一个人。该剧组因为着急用人，所以只能录用她。

56

鳄鱼池垃圾的清理

每逢旅游旺季，各个旅游景点都是人山人海。动物园里自然也不例外，单是鳄鱼池边，就围了不少游人。令公园工作人员头疼的是，经常有一些不文明的游客往鳄鱼池里面扔垃圾，工作人员绞尽脑汁想了好多办法都没有解决这个难题。有一天，一个聪明的工作人员突然想了一个办法，在鳄鱼池边立了一块醒目的标牌，上面写了一句话。这一做法立刻杜绝了游客向鳄鱼池扔垃圾的现象。

★提问★

这个聪明的工作人员在标牌上写了一句什么话呢？

··●解答●··

凡向鳄鱼池内扔垃圾者，必须自己捡回。

57

怎么让女友不吃醋

乔治是一个不折不扣的花花公子，在经历过多次恋情后，终于找到了一位他认为很不错的女朋友。但是，他的这个女朋友有一个小小的缺点，就是爱吃醋。有一天，他约女朋友在一家不错的餐厅吃饭，不巧的是，他不小心把口袋中的东西全掏了出来。其中有酒吧的打火机、兑奖的奖券、便条和旧情人的照片。乔治在慌张之际，准备用手去挡住一些东西，这样就可以避免他和女朋友之间产生不愉快。

★提问★

乔治用双手挡住什么东西最有效呢？

··●解答●··

女朋友的眼睛。因为遮住她的眼睛，乔治的女朋友就什么东西也看不见了。

58

如何将网球取出

周末，夏洛特先生约女朋友在一个网球场打网球。正当他们打得兴致勃勃的时候，网球落入地面上的一个坑洞里。这个坑洞弯弯曲曲而且很小，其直径大约18厘米。手不能直接伸进去把球取出，地面的土质又硬又黏，也不好用工具挖掘。

★提问★

在不损害网球的前提下，请你帮他们想一个好办法将网球取出。

··●解答●··

往洞坑中倒入一些水，因为洞壁是黏性土质，水不会渗入土中。等水到了一定的程度，网球就会浮出来。

第二部分

哈佛学生感兴趣的逻辑悖论

① 悖论是什么

悖论指在逻辑上可以推导出互相矛盾的结论，但在表面上又能自圆其说的命题或理论体系。通俗点说，就是两个观点或事物，无法从一个推导出另一个，反之也不可。这样就形成了一个悖论。

悖论的出现，往往是因为人们目前对某些概念的理解认识不够深刻所致，所以也不是绝对的。

悖论的成因极为复杂和深刻，对它们的深入研究有助于数学、逻辑学、语义学等理论学科的发展，因此具有重要意义。

最著名的悖论包括罗素悖论、说谎者悖论、康托悖论等。

② 说谎者悖论

这是一个最古老的悖论，出自公元前六世纪希腊的克里特人伊壁孟德，它是伊壁孟德所创的四个悖论之一。

一个克里特人说："我说这句话时正在说谎。"然后，这个克里特人问听众他上面说的是真话还是假话。

如果他的确正在撒谎，那么这句话就是真话，所以他不在撒谎；如果他没在撒谎，那么这句话是假的，因而他正在撒谎。

古希腊人曾为此大伤脑筋，怎么会一句话看上去完美无缺，自身没有矛盾，却既是真话又是假话呢？斯多亚派哲学家克利西帕斯写了六篇关于"说谎者悖论"的论文，没有一篇成功。有一位希腊诗人叫菲勒特斯，他的身体十分瘦弱，据说他的鞋中常带着铅，以免他被大风吹跑，他常常担心自己会因思索这些悖论而过早地丧命。在《新约》中，圣·保罗在给占塔斯的书信中也引述过这段悖论。

3

苏格拉底和柏拉图悖论

苏格拉底是著名的古希腊哲学家，他和他的学生柏拉图及柏拉图的学生亚里士多德被并称为"希腊三贤"。

苏格拉底和柏拉图的师徒关系很民主很融洽，他们体现出的先进教育思想直到今天仍有很深的影响。有一次，柏拉图调侃他的老师："苏格拉底老师下面的话是假话。"

苏格拉底则立即回答说："柏拉图上面的话是对的。"

这实际上是前文说谎者悖论的翻版。不论苏格拉底的话是真是假，都会引起矛盾。

4

苏格拉底悖论

苏格拉底有一句名言："我只知道一件事，那就是我什么都不知道。"这位伟大的哲人谦虚地告诫人们，这个世界未知的东西还有很多，我们要不断去学习。这句话成为古今很多名人学者的座右铭。

事实上这句话也是一个数学悖论。如果他什么都不知道，他就不应该知道自己什么都不知道。所以，他并不是什么都不知道。

5

伊勒克特拉悖论

这是逻辑史上最早的内涵悖论。提出这条悖论的是古希腊的斯多亚派，这是著名哲学家芝诺创立的学派。

伊勒克特拉有位哥哥奥列斯特离家很多年后回家，尽管伊勒克特拉知道她的哥哥叫作奥列斯特，但她并不认识站在她面前的这个男人。

所以：

伊勒克特拉不知道站在她面前的这个人是她的哥哥；

伊勒克特拉知道奥列斯特是她的哥哥；

站在她面前的人是奥列斯特。

所以，伊勒克特拉既知道并且又不知道这个人是她的哥哥。

6

理发师悖论

著名的理发师悖论是伯特兰·罗素提出的，是在当时的数学界与逻辑界引起极大震动的罗素悖论的通俗版本。

一个理发师的招牌上写着，告示：城里所有不自己刮脸的男人都由我给他们刮脸，我也只给这些人刮脸。

那么，谁给这位理发师刮脸呢？

如果他自己刮脸，那他就属于自己刮脸的那类人。但是，他的招牌说明他不给这类人刮脸，因此他不能自己来刮。

如果另外一个人来给他刮脸，那他就是不自己刮脸的人。但是，他的招牌说他要给所有这类人刮脸。因此其他任何人也不能给他刮脸。看来，没有任何人能给这位理发师刮脸了！

7

堂·吉诃德悖论

世界文学名著《堂·吉诃德》中有这样一个故事：

堂·吉诃德的仆人桑乔·潘萨跑到一个小岛上，成了这个岛的总督。他颁布了一条奇怪的法律：每一个到达这个岛的人都必须回答一个问题"你到这里来做什么"，如果回答对了，就允许他在岛上游玩；如果答错了，就要把他绞死。

一天，有一个胆大包天的人来了，他照例被问了这个问题。这个人的回答是："我到这里来是要被绞死的。"请问桑乔·潘萨是让他在岛上玩，还是把他绞死呢？

如果应该让他在岛上游玩，那就与他说"要被绞死"的话不相符合，这就是说，他说"要被绞死"是错话。既然他说错了，就应该被处绞刑。但如果桑乔·潘萨要把他绞死呢？这时他说的"要被绞死"就与事实相符，从而就是对的，既然他答对了，就不该被绞死，而应该让他在岛上玩。

在中国古代典籍《墨经》中，也有一句十分相似的话："以言为尽悖，悖，说在其言。"意思是：以为所有的话都是错的，这是错的，因为这本身就是一句话。

8

学费悖论

古希腊有一个名叫欧提勒士的年轻人，他向著名的辩者普罗泰戈拉学法律。两人曾订有合同，合同里约定在欧提勒士毕业时付一半学费给普罗泰戈拉，另一半学费则等欧提勒士头一次打赢官司时付清。但是毕业后，欧提勒士由于知名度还不够，总是接不到业务，所以无法付另一半学费。

普罗泰戈拉等得不耐烦了，于是向法庭状告欧提勒士，他认为：如果欧提勒士这场官司胜诉，那么，按合同的约定，他应付给我另一半学费；如果欧提勒士这场官司败诉，那么按法庭的判决，他也应付给我另一半学费。

没想到，名师出高徒，欧提勒士针对老师的理论，提出一个完全相反的二难推理：如果我这场官司胜诉，那么，按法庭的判决，我不应付他另一半学费；如果我这场官司败诉，那么，按合同的约定，我也不应付另一半学费。因此，我这场官司无论是胜诉还是败诉，我都不用付给他另一半学费。

9

阿喀琉斯和乌龟的悖论

阿喀琉斯悖论是芝诺跟朋友开的小玩笑。阿喀琉斯是古希腊神话中善跑的英雄。他要去捉一只乌龟，他的速度为乌龟的10倍，乌龟在他前面100米处跑，他在后面追，但他永远不可能追上乌龟。

因为在竞赛中，阿喀琉斯首先必须到达乌龟的出发点。也就是说当阿喀琉斯追到100米时，乌龟已经又向前爬了10米，于是，一个新的起点产生了；基里斯必须继续追，而当他追到乌龟爬的这10米时，乌龟又已经向前爬了1米，阿喀琉斯只能再追向那个1米。就这样，乌龟会制造出无穷个起点，它总能在起点与自己之间制造出一个距离，不管这个距离有多小，但只要乌龟不停地向前爬，阿喀琉斯就永远也追不上乌龟！

10

罗素是教皇

据说有一天，有人登门向著名学者罗素求教，说："既然先生认为'假命题可推出任何命题'，那么，您是否可以从'2+2=5'

推出'罗素是教皇'呢？"

　　罗素思索一下，随即露出微笑，说道："好吧，请允许我推导一下。如果2+2=5即4=5，那么据换位法可得5=4，再据等量减等量其差必等，两边同减3可得2=1。罗素与教皇是两个人，但既然2=1，那么罗素与教皇就是1人，所以'罗素是教皇'"。

11

无神论

　　古希腊哲学家伊壁鸠鲁，是西方的"无神论之父"，他以有力的论据，证明了神不存在。他说："我们应该承认，神可能是愿意但没有能力除掉世间的丑恶；或是有能力而不愿意除掉世间的丑恶；或是既有能力而且又愿意除掉世间的丑恶。"

　　"如果神愿意而没有能力除掉世间的丑恶，那么他就不算是万能的，而这种无能为力，是和宗教宣称的神的本性相矛盾的。"

　　"如果神有能力而不愿意除掉世间的丑恶，那么这就证明了他的恶意，而这种恶意同样是和神的本性相矛盾的。"

　　"如果神愿意而且有能力除掉世间的丑恶，那么，为什么在这种情况下世间还有丑恶呢？"

　　"所以说，神是不存在的。"

12

上帝是全能的吗

基督教宣称上帝是全能的，有些无神论者就给教会出了个难题：

"全能就是什么事都能办到，对吗？那么请问，上帝能造出一个连自己也举不起来的大石头吗？"

教会无法回答。因为这是一个悖论，如果说不能，则上帝就不是全能的。如果说能，则上帝造出的石头上帝自己也举不起来，说明上帝仍然不是全能的。

这个悖论的特点是，基督教宣称得太过绝对，上帝能肯定一切，也能否定一切。但上帝本身也在这一切之中，所以当他否定一切的时候，同时也就否定了自己。

13

伊甸园的蛇

这也是一个无神论者攻击基督教会宣扬上帝全能的悖论：

伊甸园的蛇是哪来的？根据《圣经》的说法，是上帝造的，所以上帝不全善；如果不是上帝造的，上帝也就不是全能的。

这条蛇在伊甸园，上帝知道不知道呢？如果知道，却不保护亚当夏娃，上帝就不全能，或者不全善；不知道的话，上帝不全知。

14

沙丘悖论

聚沙成塔是一个很常用的成语。很多沙粒堆在一起，聚少成多，就能堆成沙丘。有这样一个悖论：例如十万粒沙堆在一起就成了沙丘。沙丘这样大，若随便拿走一粒沙，沙丘仍会存在。同理，从九万九千九百九十九粒沙组成的沙丘再拿走一粒沙，沙丘也不会因此消失。总而言之，从一个沙丘拿走一粒沙，沙丘会继续存在。但若真的如此，连续把沙粒一粒一粒拿走，直至剩下最后一粒沙，沙丘也是继续存在的。虽然一粒沙是不能构成一个沙丘的，但这个结论逻辑上并没有错。

15

囚犯悖论

两个人犯了法，一起被收在监狱里，律师告诉他们：如果你们一个人认罪一个人不认罪，认罪的那个便会获得释放，不认罪的就会被判监禁10年。如果你们都认罪，每人都会判7年。如果都不认罪，就只会被判一年监禁。

假设两人都十分精明，也觉得徒刑越短越好。但是，两人被分开关押，无法沟通，他们都不知道对方是否会认罪。但是他们都会考虑，若对方认罪，自己也应该认罪，因为这样便只会判监7年而非10年。如果对方不认罪，自己更应认罪，因为这样自己便会获得释放。所以，无论如何自己都应该认罪。但是这样一来，两人便要被判监禁7年，这比起两人都不认罪，只被判一年监禁，实在差得太多了。何以理性的推论，会引出这样的后果呢？

16

鳄鱼悖论

这是古希腊的一个著名悖论。一位母亲带着心爱的孩子到河边洗衣服，孩子自己在岸边玩耍。一条鳄鱼偷偷地从旁边游近他们，把孩子抢走了。母亲伤心地乞求鳄鱼把孩子还给她。

"好吧，我可以把孩子还给你，但有一个条件。"鳄鱼说。

"什么条件我都答应，他是我唯一的孩子呀。"

"你说我会不会吃掉你的孩子？如果你答对了，我就把孩子毫发无伤地还给你。答不对嘛，那我就把他吃掉了。"

母亲思索片刻后，冷静地回答：

"啊！你是要吃掉我的孩子的。"

"如果我把孩子交还给你，你就说错了，我应该把他吃掉。"鳄鱼高兴地说，"好了，这样我就不把他还给你了。"

"可是，必须把孩子还给我，因为如果你吃了我的孩子，我就说对了。你答应我说对了就把孩子还给我的。"

鳄鱼很无奈地把孩子还给了母亲，因为它发现自己无论怎么做都会与自己的允诺互相矛盾。如果把孩子还给母亲，她的话就是错的，那么，就应把孩子吃掉；而如果不还给母亲，母亲的话就是对的，那么，就应该还给母亲。

17

预言家悖论

印度有一个很著名的预言家，周围人很敬佩他。

但有一天，他的女儿对他说："有一件事，您的预言肯定不能应验。"预言家不信，女儿就在卡片上写了一句话："在下午三点钟之前，你将写一个'不'字在卡片上。"随即女儿让父亲预言这件事在下午三点钟以前是否发生，并在卡片上写"是"或"不"。

预言家想了想，很快明白自己被聪明的女儿捉弄了。因为不论写"是"，还是写"不"，都会跟卡片上的要求形成逻辑上的悖论。

18

飞矢不动悖论

这是由古希腊数学家芝诺提出的，所以也叫"芝诺悖论"。

芝诺问他的学生："一支射出的箭是动的，还是不动的？"

"那还用说，当然是动的。"

"确实是这样，在每个人的眼里它都是动的。可是，这支箭在每一个瞬间里都有它的位置吗？"

"有的，老师。"

"在这一瞬间里，它占据的空间和它的体积一样吗？"

"有确定的位置，又占据着和自身体积一样大小的空间。"

"那么，在这一瞬间里，这支箭是动的，还是不动的？"

"不动的，老师。"

"这一瞬间是不动的，那么其他瞬间呢？"

"也是不动的。"

"所以，射出去的箭是不动的！"

在芝诺看来，由于飞箭在其飞行中的每个瞬间都有一个瞬时的位置，它在这个位置上是静止的，而整个飞行过程就是由这些瞬间组成的。那么，无限个静止位置的总和就等于运动了？或者无限重复的静止就是运动？

19

鸡与鸡蛋的悖论

这是个世界性的难题。如果说先有鸡，那它是从哪里孵出来的？先有蛋，蛋是谁下的？这样互为因果的循环推理本身无法自我解脱，需要实际的考证，如考古学和生物学的研究成果等，才能打破这一循环。

20

外祖母悖论

这个问题是现在很流行的"穿越"文化的鼻祖，具有跨越时代的眼光。如果一个人真的"返回过去"，并且阻止自己的外祖母和外祖父结婚，那么这个跨时间旅行者本人还会不会存在呢？

如果没有外祖母就没有母亲，没有母亲也当然就没有这个旅行者。对于"外祖母悖论"，物理界就产生了平等历史即平行世界的说法。在这一理论中，世界不是只有一个，而是有许多平行的世界存在。也就是说，一个人可以回到过去阻止自己的外祖父母结婚，但这将导致以后的世界进入两个不同的轨道，一条中有那个人（原先的轨道），而另一条中没有那个人。

21

老虎推理悖论

　　迈克向公主求婚，国王提出一个条件："宫殿前面有五座小房子，其中一间有一只老虎。如果迈克打死这只老虎，就可以和公主结婚。迈克必须从1号门开始按次序开门，这只老虎的出现将是他料想不到的。"迈克看着这些门，满怀信心地思考道："如果我打开了四个空房间的门，我就会知道老虎在第五个房间。可是，国王说我不能事先知道它在哪里，所以老虎不可能在第五个房间。所以老虎必然在前四个房间内。但是同样的推理，老虎也不会在第四个房间内。"

　　他就按这个理由推理下去，迈克证明五个房间里都没有老虎。但是使他惊骇的是，老虎从第二个房间跳了出来，由于没做好心理准备，迈克没能打败这只老虎，他只好带着疑惑和遗憾离开了王宫。迈克的推理没有错，迄今为止逻辑学家对于迈克究竟错在哪里，还未得到一致意见。

22

洛特的"讲演"

有一天，长老请夏洛特到礼拜寺中就国王征收人头税一事讲演。

长老被夏洛特戏弄好几次了，这次想趁机报复一下。如果夏洛特提出反对征税，就可借机将他逮捕；如果他不反对，夏洛特就会在穷苦的百姓中失去威信。

夏洛特走上讲台，他向大家说："乡亲们，你们知道我要说些什么吗？"

台下的人齐声说："知道！"

夏洛特说："既然你们都知道了，我还要讲什么呢？"说完他走了。

长老截住他，说不能这样问，让他再说些别的。夏洛特走上台又提出了个问题："信徒们，你们知道我要说什么吗？"

这次，大家回答说："我们有的人知道，有的不知道，请你给我们讲吧！"

夏洛特说："那就更好了，既然有人知道，有人不知道，你们就互相问吧，还要我讲干吗？"

这次，他离开讲台，头也不回地离开了。

23

外长解围

20世纪50年代，苏联外交部长维辛斯基是一个能言善辩的外交家，出身于贵族。一次在联合国大会上，英国工党一名外交官向他发起挑衅："您是贵族出身，我家祖祖辈辈是矿工，您说我们两个究竟谁能代表工人阶级呢？"

这可是一个难以说清的问题，只怕怎样讲道理也只是徒费口舌。维辛斯基不慌不忙地走上讲台。这时，会场上的气氛异常紧张，大家以为这位部长一定会进行一番批驳。然而，完全出乎人们的意料，维辛斯基十分平静地扫了对方一眼，仅仅说了一句话："对的，但我们两个都当了叛徒。"

开始，整个会场鸦雀无声，待人们理解了这句话的深刻含义时，顷刻间爆发出一阵暴风雨般的掌声。

第三部分

哈佛学生欣赏的逻辑思维

1

侄女杀手

洛杉矶市的一家小旅馆里，发生了一起凶杀案。那天上午，旅馆服务员到308房间打扫卫生，门铃响了很久，却没有任何回应。服务员只好硬着头皮用备用钥匙开门进去，进去后她发现一位胸口插了一把尖刀的老人倒在地上。服务员的惊叫声引来了经理，随后警察也赶了过来。

洛杉矶警方通过调查，知道老人名叫温尼特，是从纽约来旅游的，来的时候有个女人陪着他，但是现在这个神秘女人失踪了。

老人的被杀让警方一筹莫展，于是就把案情告知了纽约警察局。纽约警察局的警察查看了温尼特的档案后，发现老人没有孩子，只有一个侄女海莉。海莉是一家小店的老板，也是老人财产的唯一继承人。

肖恩探长来到侄女海莉的小店，出示了证件，然后问她："您是不是有一个叫温尼特的叔叔？"海莉好像很吃惊，反问道："您怎么知道我有个叔叔？"肖恩探长说："我们刚刚接到报案，他在外地不幸去世了。"海莉一听，伤心地哭起来："天哪，我的好叔叔啊，你怎么就离开我了啊？"

等海莉稍稍平静了，肖恩探长又问道："您的叔叔到外地去旅游，您事先知道吗？"海莉擦了擦眼泪，摇摇头说："我一点儿也不知道，叔叔一直住在纽约，为什么要到洛杉矶去呢？我经常去看望他，最近因为生意忙，有一个星期没去看他了，没想到竟然……"海莉说着又哭了起来。

肖恩探长没有丝毫的同情，反而严肃地说道："即使再好的演员，也骗不过最好的导演，那就是真相！"

★提问★

为什么肖恩探长肯定海莉是凶手呢？

··●解答●··

肖恩探长始终都没有说温尼特死于哪个城市，海莉也很明白地说了她并不知道叔叔去旅行了。后来，她却说叔叔到洛杉矶去了，说明她在撒谎。她为了得到财产，杀害了自己的叔叔。

2

雪天凶杀案

大雪下了整整一天，地上的雪积得厚厚的。

刚刚吃过晚饭的大卫警官，突然接到报警电话，报案的是弗尔特大学的保罗教授。保罗教授紧张地说："警长先生，我……我的学生丽莎……被人杀害了！"

警长问："你在哪里？"

保罗教授说："我就在那名学生的寝室里，学生公寓1501房间……"

大卫警长驾驶警车，往弗尔特大学赶去。路上的雪越积越厚，为了防止交通事故，警长小心翼翼地开着车。大约15分钟后，大卫来到案发现场，敲了敲1501房间的门，保罗教授跑来开了门。大卫警长走了进去，戴上手套，仔细检查现场。验尸后发现死者死于颈部窒息，并且已经死了一个多小时。

保罗教授虽然身材很瘦小，但是说话的声音很响亮。

他告诉警长说："丽莎是我的学生，就在今天下课以后，她还到我办公室来过，想请我帮她修改毕业论文。我答应了，于是和她约好晚上7点钟到我家里来。她说她的舍友今天晚上都不在，她一个人有些害怕，让我还是到她宿舍去，我同意了。吃过晚饭后，我7点准时来到她的宿舍，按了很久的门铃，但是没人应答，我轻轻地推了下门，发现门没有锁，于是就进去了，然后我就看到丽莎躺在地上，已经停止了呼吸，我马上报了警。"

大卫警长走到门外，望着门口雪地上的脚印，除了他的以外，只有两串脚印，一串是浅浅的女鞋脚印，显然是丽莎的，另外还有一串很深的脚印，那是教授皮鞋留下的。

凶手的脚印呢，怎么会没有留下呢？大卫警官看了看身材瘦小的教授，嘴角露出浅浅的微笑。

★提问★

请你猜猜凶手的脚印到底留在了哪里？

·•● 解答 ●•·

其实教授留下的脚印就是凶手的脚印。教授很瘦小，脚印却很深，真相就是，教授把女学生叫到家里，杀了她以后，自己背着她回了丽莎的家，然后打电话报警。

3

监狱两姐妹

"绿林"监狱是一所专门关押轻刑犯的监狱。嘉利与珍妮这对孪生姐妹就在这座监狱里服刑，她们一个是超市的盗窃犯，一个是毒瘾极大的瘾君子，刚巧，姐妹俩被关在同一间牢房里。

愚人节这一天终于到来了，顽皮的姐妹俩约定：姐姐嘉利可以在中午12点前说真话，12点后一定要说假话；而妹妹珍妮则相反。

嘉利与珍妮这对双生花不仅外貌相似，举止细节也如出一辙，如果硬要找出点区别，那就是身高稍有差别。除了她们自己，外人很难分辨出谁是姐姐，谁是妹妹。所以，当狱警提审其中一位时，自然会被糊弄住。但是，他事先知道姐妹两个会搞一些小把戏。

狱警大声道："嘉利出列！"

两个女孩同时向前迈进。

这让看守的狱警十分迷惑。

忽然，狱警提问："现在几点了？"高个女孩说道："快到正

午12点了。"矮个女孩则回答道："已经12点多了。"

听了双胞胎的对话，聪明的狱警笑了笑，指出了谁是嘉利。

★提问★

狱警去牢房的时间究竟是上午呢，还是下午？另外，高个子的是嘉利，还是珍妮？

··●解答●··

当时是上午，并且高个子的女孩就是姐姐嘉利。假设当时是午后，那么嘉利撒了谎，珍妮说了实话，那么当被问到谁是嘉利时，两人都应该回答"不是我"，但她们说了截然相反的答案，可见，当时是上午，不是下午。

如果当时是上午，那么"快到12点了"这句答话是真话，即稍高的一个说了真话，而"已经12点多了"则成了谎言，也即稍矮的一个说的是假话。所以，很明显，上午说真话的是嘉利，说假话的是珍妮，也就说明高个女孩是嘉利，稍矮的女孩是珍妮。

4

枪柄杀人的秘密

清晨，前来送早餐的女仆发现查理士医生的太太梦露沙夫人被杀害了。身穿睡衣的梦露沙夫人倒在主人卧室的地板上，她的头部似乎遭到过重击，已经完全停止了呼吸。

女仆被当场吓晕了，管家马上报了警，因为这是发生在重要人物家中的案件，所以当地警局非常重视，派出了警局里的精英去处理这件案子，还特地邀请马可侦探前来协助调查。

等马可赶到现场的时候，警局的初步调查已经告一段落。经法医验尸后确认，死者是遭钝器锤击后脑，导致颅脑损伤而死亡，死亡时间在昨晚11点到12点之间。

警察在现场没有发现任何有用的线索，没有指纹，没有脚印，也没有目击者，像极了古堡幽灵式的恐怖事件，而不是某个人精心策划的谋杀案。

马可仔细侦查了现场，在床下找到了凶器，是一把手枪。经过检验，手枪枪柄上残留着死者的血迹，看来它就是杀死梦露沙夫人的凶器。但是，事情变得不那么单纯，既然有手枪，凶手为什么把它拿来当锤子用呢？这完全没有道理。

"天哪，我亲爱的妻子！"刚刚外出归来的查理士医生满脸悲痛，他对侦探说，自己刚从伦敦回来，昨晚在那里参加了一个研讨会，并在伦敦过了夜。接着，他狠狠地拽住马可的手说："马可先生，我愿意拿出5万元来悬赏捉拿砸死我妻子的真凶，我一定要抓住杀害我妻子的凶手，你一定要帮我！"

马可安慰查理士医生后，便开始和警探们讨论案情。由于线索太少，能够圈出的犯罪嫌疑人仅限于仆人和管家，但是很快又都被一一排除了。

最后，大家实在找不出答案，只得将希望寄托在大侦探马可身上，期待他能带来一番拨云见日的言论。

马可反复思考关于手枪的问题："凶手可以开枪杀死被害人，他却没有，要把手枪当锤子来用，这不是非常愚钝吗？那究竟是什么原因呢？"

马可忽然发现了什么，哈哈大笑，对身边的人说："我知道凶手是谁了！"

★提问★

你知道谁是凶手吗？

··●解答●··

凶手害怕弄出声响被人发现，以至于把手枪当锤子用，这点就证明凶手一定是死者身边的人，至少是熟人。

梦露沙夫人可以穿着睡衣会客的机会很少，而仆人之前并不知道会有客人来访，说明凶手可以自由出入。作为丈夫的查理士先生一进门，就提出悬赏捉拿砸死梦露沙夫人的凶手，又极不合情理。刚刚进屋的男主人应该对案情一无所知，这么迅速地就表态，说明他就算没有杀害妻子，也参与了杀人计划。

5

神秘黑屋子

夜半三更，早已酣然入梦的侦探杰克突然被一阵仓促的敲门声惊醒了。开门一看，门外站的是哈里教授的外甥希尔。

希尔焦急地对杰克说："哈里舅舅本来约了我晚上8点到他家去，但是我有点事耽误了，所以迟到了1个小时。等我到了哈里家时，敲门没有人答应，不知道哈里舅舅是不是出了什么事，我又不敢一个人进去。您可不可以陪我一起去看看？"杰克立即穿上外衣，和希尔出了门。

希尔对杰克说："最近，我舅舅的一项发明成功申请到了专利，因此获得了一大笔发明费，许多人都眼红，我非常担心这会给他带来麻烦。"

说着说着，两人来到了哈里家门口。杰克推开门，摸黑寻找墙上的吊灯开关，灯却怎么都不亮。希尔说："里屋还有盏灯，我去开。"说着，便走进了漆黑无比的屋子，不一会儿灯就亮了。他们发现哈里就倒在距离门廊约一米远的过道上。希尔低低地叫了声："舅舅！"匆忙跨过尸体，走回杰克身边。

杰克立刻小心地检查了尸体，发现教授已经死亡一段时间了。在屋角的保险柜门是开着的，里面已空无一物。希尔惊慌地说："这到底是谁干的呢？"

杰克对着希尔冷笑了一声，说道："希尔先生，不要再装了，你就是凶手！"

★提问★

侦探杰克是怎样断定希尔就是杀人凶手的呢？

••●解答●••

希尔摸黑进屋去开灯，却没有被横在狭窄走廊里的尸体绊倒，说明他早已知道有具尸体横在那里，他故意迈过去了。

6

赫尔小·姐的浪漫之夜

夜幕降临，赫尔小姐开着车前往巴黎。此时距离巴黎市中心还有大约50英里。她想还是再核对一下旅行路线为好，于是下车走进路旁的一家酒店。

由于十分疲惫，赫尔小姐喝了两杯红酒，身子也慢慢开始放松起来，当赫尔小姐抬起头时，发现对面坐着一位年轻的英俊男子，正微笑地看着她。

年轻人有个可爱的名字，哈林顿。他说，自己很多次在梦里见到同一个人，那个人和赫尔小姐长相一模一样，今天梦想成真了。赫尔小姐听了很高兴，大概所有的女人都爱听这种浪漫的话。他们端起酒杯共饮起来。

小伙子听说赫尔小姐要到巴黎，而且道路不熟，就对赫尔小姐说这条路非常不安全，经常有个叫巴比伦的男子持枪打劫。然后，哈林顿主动请缨要做赫尔小姐的保镖，护送她去巴黎。

刚刚行驶了5英里，一束强光从汽车后方射了过来。

哈林顿转身看了看后面的汽车，突然大叫道："是巴比伦，大胡子巴比伦！我认得他，他会杀死我们的！"

哈林顿劝赫尔小姐拐进漆黑的小路躲一躲。赫尔小姐看到道路很黑，她对这一带又不熟，因此决定仍旧沿着这条大道往前开。后面的车很快超过了他们，不过没有拦住他们，而是继续往前行驶。哈林顿此时又说，一定是巴比伦准备在前面拦劫他们。

这时，赫尔小姐突然意识到情况不妙，她想了想突然发现了什么，从而识破了哈林顿的诡计。原来他想把她带入小路再对付赫尔小姐。

★提问★

赫尔小姐如何发现自己被暗算了呢？

··●解答●··

当后面的汽车射来强烈的灯光时，前面汽车里的人是看不清坐在后面汽车里的人的。哈林顿说他看见了盗贼巴比伦，完全是别有用心。

7 草原烈火

有一天，一群游客正迎着大风在大草原上行走。突然，前方冒起了滚滚浓烟。

"快跑！大草原着火了！"风助火威，大火迅速向人们逼近。大家已经用尽全力往回跑了，但还是远远慢于火速。人的体力毕竟有限，火与人的距离越来越近，而前面还是茫茫一片见不到头的草

原。惊恐，体力透支，最后是放弃，人们纷纷跌倒在干草地上。

正在万分危急之时，一个老猎人赶来了，他看了一下火势，果断地说："听我指挥！马上动手拔掉面前的一片干草，清出一片空地。"这一刻只有孤注一掷，大家很快就清出了一块不大的空地。最后，老猎人把所有人集中安置在空地的另一边。

一会儿，人们就被四面高墙般的大火包围了。

这时，只见老猎人不慌不忙地把一束燃着的干草扔到迎着大火那面的干草丛里，然后走到空地中央，对大家说："现在你们可以看看火怎么跟火作战。"

奇怪的事发生了，老猎人放的火并没有向人们烧来，而是迎着风，两股火开始了对攻。人们面前的空地越来越大，几分钟后，大火绕过这块空地，向前面奔去了。人们得救了，大家围着老猎人，激动得眼泪直流。

★提问★

老猎人放的火为什么会扑灭顶风大火呢？

··●解答●··

这是由于在火海的上空，空气因受热变轻迅速上升，而附近那些还没有燃烧过的地方上空的空气较冷，于是就会朝大火方向流去，以填补那里较少的空气，这就形成了一股与风向相反的气流，因此就发生了一场火战。

8

南极探险

数年前，有支来自美国的南极探险队准备前往南极过冬，他们用大船运来数吨汽油，准备用输油管道将这些汽油送到南极基地。可是，事先的准备工作有欠稳妥，他们在实际操作中发现，从本国带来的输油管道总长度不够，不能满足连接船体和基地的长度，在南极也没有备用管子，如果现在回国取管子，至少要耗费两个月时间。这个问题着实把大家难住了，谁也没想出什么好办法来。队长只能向国内请示，计划结束行程回国。

一名队员喝水时，不小心把水洒了出来，正好落在一张卷成筒状的报纸上，在超级寒冷的南极，水立即结成了冰。另一名队员无意中拿起了这张卷着的报纸，发现报纸内部坚硬而且光滑。

这位队员突然灵机一动，找到探险队队长说："我有办法找到备用的输油管。"

★提问★

这位队员想到了什么办法？

••●解答●••

这位队员计划利用南极的超低温气候，自己制作输油管道。可以把所有的报纸都卷成筒状，浇上水后，会自然凝结成冰，这样就成了现成的管子。然后把它们连接起来，在接缝处再淋上水冻实了，想连接多长就可以有多长。

这样虽然可以做成简易冰筒子，但是报纸的质地决定它的脆性，在巨大的压强下，管子必然会承受不了。但是他们可以把绷带缠在冰管子外面，这样，绷带可以起到"钢筋"的作用，管道的压强承受力也就增强了。他们按照这个方法制成了冰冻的输油管道，果然成功地完成了输油任务。

9
树叶上的血迹

某天，一家机关单位的电话接线员苏珊从电话室掉到楼下摔死了，民警汤姆接到报案后，立即和同事前往出事现场。从现场观察，电话室的窗户的确大开，死者身上摔痕明显，而且手中还紧紧攥着一条湿抹布。

二人来到楼上查看第一案发现场，总机值班室的门锁和插销都是完整的。而第二现场，也就是楼下，围观者纷纷议论死者的死因，大多数人都认为是失足致死。

真的是意外摔死的吗？汤姆和助手开始了认真勘查。

从楼下到楼上，汤姆认认真真地查看每一个角落，终于，在一楼外阳台上发现了一片树叶。也许这只是一片极普通的树叶，但它上面沾染了一个红点，他揣测这是属于死者的血迹。

这时，助手走了过来，对汤姆说："公司里的人都说这几天死者并没有什么情绪异常，我想她应该没有自杀的可能。而且公司里的人都反映这个人非常正派，群众关系非常好，所以，很难想象她会被什么人杀死。"

"你的分析和调查的确都很有道理，但我发现了一个非常重要的证据，我认为足以证明死者是被谋杀的。"

说完，汤姆便把那片有血迹的树叶拿给助手看，然后说道："咱们现在开始分头行动吧！你去调查死者的家庭情况，我去局里对树叶上的血迹和死者的血型进行化验，看看它们是否吻合。"

一天过去了，两个人都带着满满的收获来到警局碰头。原来，苏珊的丈夫有非常明显的作案动机，夫妻两人关系非常不好，丈夫一直希望能离婚，但是妻子始终不同意。化验结果果然如汤姆所料，树叶上的血迹与苏珊的血迹完全吻合。就目前的情形看，苏珊的丈夫嫌疑最大，所以汤姆果断地逮捕了苏珊的丈夫卢卡。

经过审问，卢卡交代了犯罪事实：那天晚上，卢卡趁苏珊一人值班之时，悄悄地进入电话室，趁妻子不备，将妻子杀害，并且伪造妻子因擦玻璃而失足落下楼的现场。可是，天网恢恢疏而不漏，即使清理了现场，大自然还是留下了他犯罪的证据。

★提问★

那片带血的树叶到底是怎么泄露"天机"的呢？

··●解答●··

那片带血的树叶，说明死者在摔到地面上以前已经受伤或死亡，在从二楼下坠过程中，死者的血洒在一楼外窗台的树叶上，因此是他杀。如果是不慎失足坠到地面上以后出血的，那么血是不会落在上面的窗台上的。

10

奇怪的两声巨响

大西洋的海面上，一架超豪华客轮触礁沉没了。

出航前，这架游轮曾上巨额航海险。失事后，轮船公司第一时间找到了保险公司办理理赔事宜，但是赔款之前，需要非常严密而详细的理赔调查。

保险公司方面，负责处理此案的是科长西蒙，但他因为有事，暂且将取证的工作交给了助理贝利。

贝利首先问了一位女客人。女客人说："轮船触礁后，我立刻登上救生艇逃离现场。我看到轮船开始下沉，大概45分钟后，便听到了一声'轰'的爆炸声，轮船便完全沉没了。"

此后，贝利又问了另外几位救生艇上的生还者，他们的答案不尽相同。

然后又问了一位逃生的男旅客，他的答复却与众不同。他说：

"轮船触礁后，我因为熟悉水性，所以选择自己游泳逃生到附近的小岛，我用仰泳和蛙泳交替的方式，大概游了500多米，就听到第一次巨响，随后游轮就开始沉没。再隔数秒钟后，又听到第二次爆炸声……"

"有第二次爆炸吗？你能确定吗？"贝利接着问。

"没错，我确定自己听到了两声巨响。"

"你能断定这不是回音吗？"

"不是。假如是回音，应当大家都能听到。"

"为什么那位旅客听到了两声，而其他旅客听到了一声呢？"贝利觉得很是诧异，便把这样的疑惑向科长反映。

西蒙科长听了助理的汇报，思索了片刻，然后笑道："救生艇上的被救旅客听到一次爆炸声是对的，那名游水逃生旅客，听到两次巨响也是正确的，这个案子就按照我说的办吧……"

贝利听后，不明白西蒙科长的意思，只好向科长询问原因。

★ 提问 ★

猜一猜西蒙科长的解释。

··● 解答 ●··

因为声音在介质水中的传播速度是在介质空气中的传播速度的五倍，所以正在仰泳的游泳旅客双耳浸在水里，当然先听到从水里传来的爆炸声。

听到声音，他很自然地抬起头来，想看个究竟。于是几秒钟后，那位游客又会听到空气中传开的爆炸声。

11

音乐家的奇怪之死

著名的大发明家诺贝尔出生在瑞典首都斯德哥尔摩。

一天，斯德哥尔摩发生了一起离奇爆炸案，一位单身音乐家在家中练习小号时，突然室内发生爆炸，音乐家当场死亡。

警察勘查现场时偶然发现，大片的窗户和室内镜子的碎片里还掺杂着一些非常薄的玻璃碎片，他们推测是乐谱架旁边的桌上一个装着火药的玻璃杯发生了爆炸。但令人不解的是，室内始终找不到火源，更找不到定时引爆的装置或者设备的残骸。但如果不是能定时的炸弹，又怎么能引爆得如此精准呢？同时，邻居提供证词，死者在爆炸前正在用小号吹高音曲调。

于是，警察立刻就识破了罪犯的犯罪伎俩。

★提问★

凶手是如何引爆炸药的呢？

··●解答●··

犯罪分子趁被害人外出时，偷偷溜进卧室，往火药里掺上氨溶液和碘的混合物。掺入碘的氨溶液，在湿着的状态是安全无害的。干燥状态下，尤其是比TNT更加敏感的炸药，即使是高音量的震动也会立刻引爆。

所以，死者吹小号吹到高调曲调时，声波震动就会引起炸药爆炸。

12

少女绑架案

　　某个炎夏，海边小镇的盲女被绑架了，家人为其筹集了10万元赎金并按预定的交易时间送去了。第三天，盲女平安无事地回到了家。

　　情绪平复后的盲女告诉警察，绑架犯应该是一对年轻夫妇，他们把她关在海边的一座小屋里："我应该是被关在一间阁楼里，在那里可以听到海浪拍击沙滩的声音。天气非常闷热，不过到了夜晚会有风吹进来。"

　　警察搜查了海边附近的几栋住宅，发现两间小屋极为可疑，它们一间朝南，一间朝北，主人都是一对年轻夫妇。可惜这两间屋子都被打扫得一尘不染，找不出任何痕迹。

　　警察在勘查现场后，做出了一些分析。这些情况是：

　　（1）两家人的房屋结构几乎相同，只是一间阁楼小窗一个朝北，一个朝南；

　　（2）海岸面位于海的南侧，北面对着丘陵；

　　（3）被绑架的三天，天气晴朗，没有下过雨，更没有风。

★提问★

盲女究竟被哪家绑架了呢？

·●解答●··

根据盲女说过的"夜晚会有风吹进来"，可以判断盲女被关在窗户朝北，即面对丘陵的阁楼里。

夜晚的海岸，陆地上的温差比海面要大，这样凉爽的风就非常容易从丘陵向海上流动，所以从朝北的小窗口吹来阵阵清风。反之，白天由于陆地很快变热，风就改从海上吹来。

13

晚宴杀人的真相

美国人喜欢在家里搞盛大的宴会，今晚，在史密斯夫妇家中就有一场宴会，现在，宴会已经进入了高潮。

今晚的宾客中，最出风头的莫过于查理了，一位最近非常走红的影星。他被一群美女轮番敬酒，虽然平时酒量不凡，但是很多杯下肚，他已经有些微醺了。

男主人史密斯先生心生厌恶地看着查理，用叉子狠狠地叉了一个蘸了调味汁的大虾走上前去搭讪。

"查理，这条领带真扎眼啊，是哪个美女送的礼物啊？"他一边假笑，一边若无其事地甩动手里的叉子，深棕色的酱汁就这样溅到了查理的领带上，雪白的丝绸料上顿时黑点斑斑。

"哎呀，真对不起，对不起。"

"没关系，一条领带而已，没事的……"查理毫不介意，拿出手帕准备将酱汁擦去。

这时，史密斯夫人走了过来。

"不要用手帕擦，那样会留下痕迹的，去洗手间吧，那里有洗洁精，我帮你清洗一下。"

"谢谢，史密斯夫人，我自己去清洗就可以了，夫人还是应酬其他客人去吧。"

因有史密斯先生在场，查理故意避开了史密斯夫人的帮忙，他迅速去了洗手间。

洗洁精就摆在梳妆台上，查理清洗完后，继续参加宴会，一边喝酒，一边与人谈笑风生。

突然，查理身子晃了晃便倒下了，酒杯也从手中滑落到地上。

宴会厅里瞬间乱成一团。虽然救护车很快就来了，将查理送去医院治疗，但还是晚了一步，查理因为酒精中毒死去了。

面对这个结果，在角落里偷笑的人，就是史密斯先生。在知道了自己的妻子与查理有染后，他便开始计划这一完美的谋杀案了。

★提问★

史密斯先生使用了什么方法杀死了查理？

··●解答●··

常识告诉我们，洗洁精里有种成分叫作四氯化碳，无色无味。查理用洗洁精清洗污迹时，会吸入了足量的四氯化碳这种有毒气体。在饮酒过多时，这种气体会导致死亡，其绝妙之处就是不易被

人察觉，会被大家误以为酒精中毒死亡。

　　史密斯先生为了确保查理吸进这样的气体，所以才故意将酱汁洒到查理的领带上。

14

货车消失之谜

　　这是一个让人难以置信的案件。一节装着即将展出的世界名画的车厢，从行驶中的一列货车中悄然消失了。更让人难以接受的是，这节车厢不在车头也不在车尾，而是在列车中部。

　　晚上8点的时候，货物列车从阿普顿发车时，名画还安然无恙。可是当车到了下一站纽贝里车站时，那节装有名画的车厢便不见了。途中，列车并没有停下来过，阿普顿至纽贝里之间虽然有一条支线，但是只有在夏季那条专线才会使用。

　　第二天，那节消失的车厢莫名其妙地就在那条夏季专线上被发现了，但名画已经不翼而飞。让人不解的是，这节本来在中间的车厢怎么会在行驶的过程中脱钩，还跑到支线上去了呢？这是一则离奇事件，警察毫无头绪，束手无策。

　　面对这么棘手的问题，警察们只得向名侦探黑斯尔求救。名侦探接到工作后，便沿着铁路线在两站之间徒步调查，尤其关注了支线的转辙器。转辙器虽然已生锈，但是生锈的轮带上却有上过油的痕迹。

"果然，有人动过它。"他将转辙器上的指纹取证，并请警察厅鉴定科的朋友帮忙鉴定，果然，其中有著名的抢劫列车前科犯阿莱的指纹。于是，黑斯尔查明了阿莱的躲藏处，前往一探究竟。

"阿莱，还不把你盗来的名画归还。"

"岂有此理，你根本没有证据。"

"转辙器上还有你的指纹呢！当然，罪犯不可能只有你一个人，应该至少有两个吧！否则是不会那么容易就把车厢卸下来的。"黑斯尔当面拆穿了阿莱及同伙的作案把戏。

★提问★

盗贼们究竟是用什么手段完成窃盗计划的呢?

··●解答●··

先假设三名罪犯是A、B、C，假设被摘下的货车为X。

A和B一直埋伏在行驶的列车上，C在支线道岔的转辙器处等候。列车刚从阿普顿出发，他们就将一根粗绳子系在货车前后两个车厢的连接器上。绳子绕在外侧，恰好同支线相反的一侧。当快要到分叉口时，前后两节车厢的连接器被打开。

即使打开，由于被绳子连接着前后车厢，所以前后车厢并不会分离，照样可以继续前行。在支线上一直等待的C在X前后车厢的边轮踏上交叉点的一瞬间，快速变换转辙器。这样，X就自然走上了支线。而不等X后部车厢的车轮踏上交接点，再把道岔转辙器回位。这样，后面的车厢就被拉着在干线上行驶了。

不久，列车接近纽贝里车站，车速减慢，后面的车厢会因为惯性慢慢赶上前边的车厢。这时，罪犯A和罪犯B再闭合连接器，并且松了绳子，最后跳车逃跑；另一方面，在支线上走了一段的货车会慢慢自动停下来，车上的名画也自然可以很简单地被盗走。

15

被替换的毒药

斯密斯夫人和斯密斯医生因为一些原因分居了，她一人住在寓所里。三天前，她因为感冒卧床不起，附近的医生都不愿意出诊，她只好硬着头皮请已经分居的丈夫过来看病。

"是流感，打一针，然后吃点药就会退烧的，休息两三天就会好的。"丈夫给她打了一针，又给她留下一粒感冒胶囊就回去了。

丈夫走后，她吃了感冒药，便睡下了。可是，几分钟后，她就觉得自己不能呼吸，最后窒息而死。

第二天，前来打扫的钟点工发现了斯密斯夫人的尸体。法医验尸时发现，死者胃里残留着尚未消化的掺有氰化钾的巧克力。因此，死者的弟弟因为杀人可能性最大而被逮捕。

一周前，斯密斯夫人的弟弟送了姐姐一盒威士忌酒心巧克力糖。其中，盒中的巧克力里检测到了氰化钾成分。这对姐弟正在为继承母亲遗产而打得水深火热，因此他的动机非常大。可是，弟弟坚持自己是无辜的，并求助私家侦探重新进行调查。

私家侦探麦克接受了这项任务，着手调查，他发现死者的丈夫是内科医生，并且为了和年轻的情妇结婚，急于想同妻子离婚。了解这些情况后，麦克调查了其在案发当夜的不在现场证明，最后指出医生巧妙且不留痕迹的杀人手段。

★提问★

该医生使用了什么手段，将妻子杀死的呢？

··●解答●··

医生给死者的感冒药实际是一种毒药，当被害人死后，医生又悄悄回来，用胃导管将毒药吸了回来，并且，又以同样的方法把已经融化的威士忌酒心巧克力打入死者的胃里。

当然，弟弟送的威士忌酒心巧克力的溶液里也掺了氰化钾。所以，即使最后要检测胃内容物，也只会发现残留的未经消化的威士忌酒心巧克力，所以被误认为是吃了掺有氰化钾的酒心巧克力致死的。

16

青铜像案

埃夫文夫人被杀害了。埃夫文先生对警察哭诉："我昨晚有聚会，很晚才回家，在街角的转弯处，看到有个人从我家跌跌撞撞地跑出来，门口的长明灯照出了那人的面孔，他就是吉姆·西斯蒙。"

"你撒谎！"西斯蒙愤怒地反驳道。

埃夫文接着说道："他跑了大约一百米，就故意扔掉了一个东西，那个物件从石坡上滚落进深沟，我还看见它划出了一连串火花。"

"你这是诬告，信口雌黄！"西斯蒙气得满脸通红。

警察拿起一座青铜像，是森林女神妮芙的造型："西斯蒙先生，警察在深沟里找到了这座青铜像，还好早一个小时，不然那场大雨一定会把您留下的指纹冲掉。铜像底部沾的血迹和头发是埃夫文太太的。我们在铜像上取到清晰的指纹——这是您的指纹。"

西斯蒙反驳道："昨晚我一直在家，因为七点时埃夫文打电话给我，让我在家等他，他八点会来找我谈点事。我一直等到半夜，他也没有出现，我就睡觉了。那些指纹，可能是我前几天在他家时不小心留下的。"

警察深感蹊跷，便找来大侦探麦克·哈马协助调查。详细叙述过案情后，检察官说："被害者的丈夫和犯罪嫌疑人是同事，两人之前关系非常好，但是由于一些原因，最近两人关系非常差。"

听完检察官的话，麦克·哈马哈哈大笑，说道："不是西斯蒙杀了那位太太，他是被诬陷的。真正的凶手是……"

★提问★

你知道真正的凶手是谁吗？

·•● 解答 ●•·

凶手就是埃夫文。侦破此案的突破点就是青铜像。

埃夫文说青铜器是杀人凶器，还说"黑暗中划出了一串火花"，完全是不可能发生的，青铜像的物理性质决定了它不可能发生那样的现象，所以他在撒谎，而西斯蒙是被诬陷的。

17

船长被害之谜

某个秋日的早晨，9点左右，托比来到沙滩散步，忽然，他看见一艘搁浅在沙滩上的小帆船。

面对这样的场景，托比越发好奇了，于是想一探究竟，就走上前去。走到船边上时，托比对着帆船喊了几声，没有人回答。这让托比越想越奇怪，就沿着放锚的绳子爬到甲板上，再从甲板的楼梯口向船室看去，发现有一名男子躺在血泊里，死因大概是被胸前的短剑刺死。

被害者手中握着一张纸，仔细一看是张撕破了的旧的航海图，床头还有一根已经熄灭的蜡烛。看着蜡烛燃烧端的水平状态，船长应该是在看航海图时被杀的，然后凶手吹灭了蜡烛，最后夺去航海图逃跑。

托比觉得这是一起谋杀案，于是赶快报警。警察来了后便立即寻找线索。"据周围的渔民反映，这艘船大概是昨天中午停泊在此处的，船舱里非常黑，所以，就算是白天还是要点蜡烛，因此船长被害的时间并不一定是晚上。可是船长到底是何时遭到毒手的呢？"警察们一面查看尸体，一面讨论。

"死者的被害时间，应该是昨晚9点左右。"托比斩钉截铁地做出判断。

★提问★

托比为什么做出这样的判断呢？

··●解答●··

托比是通过蜡烛的燃烧程度来判定死者的死亡时间。

蜡烛上端的部分是呈水平状态熔化的，那么就证明帆船在触礁而倾斜时，蜡烛依然在燃烧。

常识告诉我们，海水的涨潮与退潮一般间隔大约6个小时，这艘船被发现是在上午9点左右，此时恰好是刚退潮。由此可知，两次退潮之间，只有一次涨潮的机会，以此可推论船是在昨晚9点左右触礁倾斜，凶手也是在此刻下手的。

如果凶手在涨潮时进船里杀人，蜡烛上端应该是和船体倾斜的状态呈同样角度才对。

18

假证词

洛克、保罗和约翰三人是迈阿密一家著名的珠宝公司合伙人。去年2月，三人相约一道前去佛罗里达州，在约翰的别墅度假。

某个下午，约翰和保罗一起去钓鱼，保罗虽然非常喜欢钓鱼却不会游泳，每次都是搭乘游艇出海钓鱼，而洛克这位鸟类爱好者则喜欢留在别墅里看电视。

等到傍晚的时候，约翰却载着保罗的尸体回来了。约翰说保罗探出身子钓鱼，因为风浪太大，所以失去重心落水了，把他捞上来时，保罗已经淹死了。

而洛克则说，他本来在后院乘凉，突然发现一只罕见的绿色小鸟飞过头顶，他便追随小鸟来到前院，用望远镜看那只鸟在前院的棕榈树上筑巢。恰巧，他的望远镜无意中对准了海面，只见约翰与保罗在游艇上扭打成一团，约翰猛地把保罗的头按入水中。

尸检报告证明保罗确实死于溺水。但在法庭上，两个合伙人的证词自相矛盾。于是，法官请来了名侦探圣弗朗，请他来考证究竟谁说了谎。

圣弗朗说："洛克撒了谎。"

★提问★

圣弗朗为什么这样说?

··●解答●··

洛克的证词已经透露了他对热带植物的基本知识非常匮乏。

洛克其实没有看到一只鸟在棕榈树上筑巢,因为棕榈树没有树杈,只有一片大叶子,鸟儿怎么在上面筑巢呢?由此看来洛克说了谎。

19 汽车轮胎

罗宾是一位生物学家,他的研究取得了重大成果,轰动全国。各地的著名大学纷纷发出邀请,让他去讲课。罗宾一直很关心科学普及,所以,他放弃自己的休息时间,在周末到学校讲课。

某个周末,罗宾开车前往某市讲课。他的教学课非常受欢迎,很多同学提问,罗宾都耐心地给予解答。课后,他又接受了该校老师的邀请,吃了晚餐。一直到晚上11点多,罗宾才忙完,开始返程。

在漆黑的大道上,罗宾边开车边听音乐,他的心情很好,不由得和着音乐哼起歌来。

突然，视野中央出现了一辆路虎，罗宾连忙减速，想躲开路虎，但是一个猛踩刹车后，罗宾的汽车前胎爆了。此时，从路虎上跳下一个蒙面人，他用枪挟持罗宾，抢走了他的钱，然后开车逃走。

身无分文的罗宾只好步行找人求救，走了半个多小时，才看到一家杂货铺。进了杂货铺，他先是报了警，然后对小店老板说："麻烦您帮我给离这里最近的汽车维修站打个电话，我的车爆胎了，需要换一只新的……"老板拨打了修车电话，又端来了热咖啡。

十几分钟后，警车和修车店的工人都赶来了，工人还带着轮胎。罗宾对警察说："我知道谁是抢劫犯了，就是小店老板！"

★提问★

小店老板"好心"帮忙，罗宾却说他是坏人，你知道这是为什么吗？

··●解答●··

罗宾请店主帮忙打电话，但是始终都没有说自己汽车的型号，工人却带来了非常合适的轮胎，所以老板在抢劫现场，知道车胎的型号。实际上，杂货铺老板就是那个蒙面大盗。

20
墙上的血手印

某高级大厦的一个单位发生了杀人案，死者是一个画家，他被人用刀刺死。唯一的线索就是公寓墙上的鲜红手印，每个指纹都清晰可见，甚至格外清楚。大概，凶手逃跑时，不小心留下了这个右手印作为证据。

侦探罗根赶到现场时，见到老熟人巴特警官正在小心地收集上面的指纹。罗根仔细看了看，笑着对巴特说："你还是看看有没有其他线索吧！"

巴特依然小心翼翼地做着自己的工作，头也不抬地说："这些指纹难道不就是破案的切入点吗？"罗根耸了耸肩："如果这个手印是真实的，当然可以作为证据，但它是假的，目的就是要迷惑警察。"

巴特转过脸，疑惑地问道："你怎么知道的？"

罗根说道："你自己去印个手印，就知道为什么了。"

★提问★

罗根为什么觉得手印有问题？

··●解答●··

罗根看到五个手指的指纹才起了疑心，所有的掌纹都清晰可见，如果不是故意这样做是做不出来的。正常人，将手掌贴在墙上时，大拇指和另外的手指是不同的位置，它会侧面紧紧挨着墙，所以一定是故意而为之。

21

汽水瓶的奥秘

一天，当夫妻俩争吵时，怒不可遏的丈夫顺手抄起桌上的汽水瓶照着妻子的头上砸去。当他挥起瓶子时，喝剩的半瓶汽水浇到了妻子的肩头上，把妻子的罩衫弄湿了一大片。然而，当他想要举手打妻子时，发现蜷缩在地上的妻子已经不动了，太阳穴被打破，鲜血流了一地，妻子就这样轻易死去了。

他一时不知所措。但迅即又冷静下来，考虑如何善后。他将尸体装进汽车后备厢，然后运到郊外的一个公园里。幸亏深夜里公园没人，他将尸体放在花坛边，就要离开时，猛然想起忘了把凶器汽水瓶也带来了。为慎重起见，他从附近的垃圾箱里翻出一个汽水瓶子，而且是一个刚扔不久的新瓶子。

"就把它当凶器吧！如果留着谁的指纹就该他倒霉，肯定会被当作凶手的。虽然是不同厂家出品的，但瓶里的汽水总会是一样的东西吧。"他为了不留下自己的指纹，拿起空瓶子后，又往瓶子上沾了些死者的鲜血，然后扔到尸体的脚旁。

当第二天尸体被发现时，罩衫的肩膀处已经聚集了一大群黑蚂蚁。

"为什么蚂蚁只聚在尸体的肩膀呢？"现场勘查的刑警觉得有些奇怪。

"一定是用这个汽水瓶打人时，瓶里的汽水洒到了死者的肩膀上。汽水的成分里有白糖。"鉴定员说着，从尸体旁边捡起空瓶。

"哎！奇怪了，这瓶子里怎么一只蚂蚁也没有啊？"鉴定员边说边歪头察看汽水瓶上的商标，"凶器不是这只瓶子，可见，尸体一定是从别处转移到这里的。"他果断地得出了结论。

★提问★

鉴定员为什么只是看了一眼商标就得出这是伪装现场的结论呢？

··●解答●··

放在尸体旁的空汽水瓶贴的是人造糖精的商标，而蚂蚁是不吃人造糖精的。因为罪犯使用的凶器汽水瓶，装的是用白糖或果糖一类天然糖料制造的汽水，所以粘有糖分的罩衫上才会聚集很多蚂蚁。

22

大学生被杀事件

这是一个寂静的夜晚，学生公寓却热闹至极，学生们都在洗漱，聊天。

突然，一声枪响划破了寂静的长空，本来热闹的学生公寓变得嘈杂起来。学生们朝着枪声传来的地方走去，那是一间独栋别墅式公寓，在这栋别墅式公寓的二楼，一个名叫哈里的男生倒在血泊里。

宿管老师立刻报了警，探长亨利带着警员立即赶往学生寝室。

探长经过调查，发现这座别墅里住着四个学生，格伦、桑尼、哈里还有比尔。亨利觉得这三个人嫌疑最大，于是决定把他们隔开，单独审问。

亨利先生讯问比尔："哈里中枪的时候，你在做什么？"

比尔说道："我正在屋后面车库那里修车，我还把一盏灯带到那里。就在这时，房间里传来了枪声，我赶快跑进屋去。"

亨利又开始讯问桑尼："哈里中枪的时候，你在做什么？"

桑尼一瘸一拐地来到亨利面前说："我把汽车停进了公寓后面的通道里，回屋的时候被地上的电线绊了一跤。我坐在地上揉着脚腕，大约两分钟后，我听到了枪声，就赶紧站起来。"

亨利开始讯问第三个人格伦："枪响的时候，你在干什么？"

格伦说道："当时我正往厨房走，我想到厨房盛一杯冰激凌。这时，我听到后门那里有声音，就向外看了一眼，但是外面漆黑一片，什么都没有，于是就去厨房的冰箱里取了冰激凌，几分钟后就听到了枪响。"

为了核实大家说的话，亨利探长开始搜查整栋房子，他先是在冰箱旁找到了一杯融化的冰激凌，接着在后院的地面上，找到了被扯出插座的电线插头，电线连接的灯还悬挂在比尔的汽车已经打开的引擎盖上。

亨利重新回到屋里，指着比尔说道："你说了谎话，凶手就是你！"

比尔反驳道："你为什么怀疑我是凶手，拿出证据来。"

亨利当众指出了比尔的犯罪过程，顿时，比尔哑口无言。

★提问★

探长为什么怀疑比尔是杀人凶手呢？

·•●解答●•·

格伦听到了后门那里有声音，证明桑尼的确在命案发生前回了家，并且被电线绊倒了，这样，扯出插座的电线，就证明了尼桑说的是实话。

可是，既然尼桑摔倒，扯出了电线，正在修车的比尔就应该突然陷于黑暗之中，可比尔却没有向亨利提到他的电灯突然间熄灭。这是因为此时他正在悄悄地上楼，杀死了哈里，电灯熄灭他根本不知道。

23

上校的秘密

第一次世界大战期间，来自同盟国的华托夫缴械投降了。这样的消息对于同盟国绝对是一个噩耗。华托夫熟知同盟国的战术、兵力分布甚至将领的习惯，这些绝密情报让他成了同盟国军队的头号敌人。

同盟国军队派出了很多身怀绝技的杀手去刺杀他，但是华托夫上校不仅护卫森严，他还是拳击好手，去刺杀他的人不是被抓住，就是在其铁拳下丧生。华托夫因此扬扬自得，自称是"不怕暗杀的人"。

某天傍晚，华托夫带着副手爬过一座小山头，计划观察一下同盟军的军事部署。小山头的确不高，但着实陡峭，而且山下有条小河流过，对方的军队就驻扎在河边。

华托夫和警卫们悄悄攀上山顶悬崖，趴在悬崖边缘观察同盟军的部署情况。过了很长时间，警卫们发现华托夫还是趴在悬崖边缘一动不动，轻声呼唤也没有反应，不由着急起来。他们把华托夫拉起来一看：华托夫已经死了！

警卫大惊失色，连忙把华托夫抬回营地，请军医检查。

军医经过仔细检查，发现华托夫全身一点伤痕都没有，平时强壮如牛的华托夫怎么会死呢？一时间，坊间流言四起，都说华托夫

是受了上帝的诅咒。

这事越传越远，传到了某位神探耳中，他思考了一下说："这不过是个巧妙的杀人事件，如果我没有猜错的话，华托夫的望远镜一定遗落或者丢失了。"对此有疑虑的人们翻过那座小山，在河床上捡到了华托夫的望远镜。

★提问★

请问，华托夫是怎么死的？这位大侦探又怎样在千里之外预料到一架遗落的望远镜呢？

··●解答●··

华托夫平时身体健壮，心脏健康，他的猝死肯定是非正常死亡，虽然从外观上看不到任何伤痕，但是绝不能排除他杀的可能。他在观察敌情时，突然死亡，因此死前接触的最后一样东西很可能就是望远镜，而望远镜同样可以成为杀人的利器！

被买通的警卫只要把一根毒针和调节焦距的旋钮连接在一起，就能让华托夫自己杀死自己！当华托夫旋转望远镜旋钮时，毒针就直接射进眼球中，导致心脏骤停。

而华托夫在被刺中的一刹那，自然本能地将望远镜扔掉。他身处悬崖边，这一无心的举动毁掉了最后的证据。

24

午夜惊魂

夜半三更，名侦探莫纳正驱车前往某住宅小区。忽然，他发现路边躺着一个人，于是下车查看，发现这个人已经死了，脖子上留着非常明显的勒痕。

正在此时，从小区里走出一个人，跑过来帮忙。随后他大叫起来："这是霍普金斯，我认识！我早就警告过他会出事，果然是这样！"

"警告过他什么？你是谁？"莫纳问。

"我是路希，这是我的老邻居，霍普金斯，我们认识有18年了。他有枚金币，总是故意把那玩意弄得叮当响，这太容易招人抢劫了。"

"那金币值钱吗？"

"钱倒不值多少。我告诉他要小心点的，有没有被偷走？"

莫纳查看了尸体，发现了那枚金币和1美元的纸币。

莫纳很快就逮捕了路希。

★提问★

莫纳逮捕路希的依据是什么？

·•● 解答 ●•·

霍普金斯口袋里如果没有第二枚金币，如何发出叮叮当当的声音？所以，一定是路希杀了人。

25

盲人的枪声

在维也纳郊外，住着一位来度假的著名音乐家特里，他经常到他的盲人朋友盖瑞家里弹钢琴。这天傍晚，他又来到了老友家中。突然二楼传来响声，盲人惊叫起来："哎呀，楼上有小偷！"

盲人掏出随身携带的防身枪，摸黑上了二楼，在那里没有什么灯，所以对于盲人是比较有利的环境。他的好朋友特里则在后面跟着他，手里拿着根炉条防身。他们打开门，四下一片漆黑，不知道小偷究竟躲在哪里，这样的气氛让人压抑而紧张。

突然，"嘭"的一声，枪响了，小偷应声倒地，特里连忙将蜡烛点亮，发现座钟前面躺着一个人，他手捧着腹部，蜷缩成一团，发出微弱的呻吟声……过了一会儿，警察来了，抬走了小偷。

★ 提问 ★

特里非常奇怪：为什么在没有任何声响的条件下，盖瑞还能击中小偷？

··●解答●··

盲人由于看不到，所以听力尤其发达，他平常会留心座钟的嘀嘀嗒嗒声，但是现在听不到了，说明小偷恰好挡住了座钟的位置，所以他朝座钟方向开了枪，并且击中了小偷。

26

漂浮的男尸

世界上最深的湖泊非贝加尔湖莫属，除此以外，它还是世界上透明度很高的湖泊。有人曾做过实验，可以从湖面上看到水下将近40米深的湖景。

某个夏天的清晨，一条小船翻扣在贝加尔湖的水面上，一具尸体漂浮在一旁。乍看上去，就像是一起划船时发生的意外事故，可能是湖面吹起的风掀翻了小船，从而造成船翻人亡。

根据验尸结果，推定这个人的死亡时间是前一天晚上7点钟左右。死者是贝加尔湖边上某个工厂的制图员，他平时住在单身宿舍里，那是一栋五层高的公寓楼。死者有恐高症，所以他的房间是在一楼。

"他不会游泳吧？"警察去他的工厂向他的同事们了解情况。

"经常见他去体育馆的游泳池游泳，他游泳技术很高。也许是船翻了之后，他游泳时突发心脏病死去的吧。夏季的湖水也是非常

冷的。"同事们回答说。

突然，警察发现了什么，马上做出判断说："这不是一起划船引起的事故，死者即使因为溺水而死，也是有人故意制造的翻船事故假象，这应该是一起谋杀案。"

★提问★

警察为什么会这样说呢？

··●解答●··

警察想起了被害者有恐高症，并且单身宿舍也是在一楼的事情。

多数有恐高症的人，是不会轻易乘船去深海和湖泊游览的，因为在透明度那么高的湖泊里，犹如在高楼上，一定会感到头晕目眩，两腿发软，所以死者一定是被移尸到那里的。

27

蒙面占卜师之死

因在电视节目走红而名声大噪的蒙面占卜师，在某个夜晚被杀了，验尸发现，他的死因是喝了掺了毒的咖啡。占卜师死时脸上仍戴着面具，现场的金柜也被洗劫一空。

经过调查，目前锁定的犯罪嫌疑人有三个：占卜师的同居女友，莎拉小姐；占卜师的弟弟，肖恩；占卜师的客人，来占卜的皮特。

据调查，情人莎拉知道占卜师外招惹别的女人的事后，几乎每天都会和占卜师吵架，所以她有充分的理由杀人。占卜师的弟弟肖恩借给哥哥一大笔钱，但占卜师始终没有还，所以怀恨在心，也有重大嫌疑。另外，在占卜师被杀当日曾来找他占卜的皮特，欠了一屁股债，所以也有作案嫌疑。

这三个人在占卜师的死亡时间内都没有不在场证明。

★提问★

罪犯是哪一个呢？

··●解答●··

杀人犯是皮特。面对已经熟知自己长相的女友和弟弟，占卜师怎么会戴着面具呢？他完全没有必要蒙面。

占卜师是蒙着面与来人喝咖啡时被毒死的，所以占卜师接待的是不能让对方看到自己脸的人。如此说来，凶手只能是来占卜的皮特。

皮特由于欠债较多，所以盯上了最近非常出名的占卜师，认定他会存有可观的积蓄。

28

手中的扑克牌

一天傍晚，扑克占卜师被杀，案发地点就是自己独住的公寓房间里。

他是被利器击穿后背致死的，被害时间推测是上午9点左右。看上去占卜师是在占卜时背后受到突然袭击而死的，尸体旁边到处都是扑克牌。占卜师手里紧紧地握着一张牌，是一张方块Q。

"为什么手里会握着一张方块Q呢？"警方感到诧异。

"一定是给我们留下的凶手线索。"大侦探罗根很肯定地说。

"但凶手和扑克牌之间有什么关系呢？"

"扑克牌中的方块是货币的意思，而红桃代表圣杯，黑桃代表剑，梅花代表棍棒。"罗根解释。

不久，侦查结果锁定了三个犯罪嫌疑人：职业棒球投手，宠物医院院长，歌舞伎演员。

"这三个人好像都与扑克牌里的方块没多大联系。"警方很是疑惑。

"这个就是凶手。"罗根果断指出了凶手。

★提问★

真凶是谁呢？

••● 解答 ●••

宠物医院的院长就是杀害死者的凶手。Q是英文皇后（Queen）的缩写，也就暗示是女人，而犯罪嫌疑人中只有宠物医院院长就是女性。

29

强迫卧轨案

这个案子发生在1945年，蒸汽机车的全盛时代。

特别快车在R车站是不停的。某天晚上，特别快车在通过R车站不久后，压死了一位躺在铁轨上的女人。起初人们都以为死者是自杀的，但经过调查后发现是他杀。死者被强迫吃了安眠药而导致熟睡，然后被搬到火车道上被活活压死。很快，案情水落石出，杀人的就是已经与死者分居的丈夫。

然而，当刑警问及不在现场的证明时，死者的丈夫这样回答："悲剧发生时，我就在那辆车上，我坐的列车压死了我的妻子，这样的事情是多么不幸啊。我不是罪犯，你们可以问问列车员，我有充分的不在场证明啊！"

为此，警察找来列车员和犯罪嫌疑人当面对质。

"他说的是实话，这个人的确坐在车上。刚刚过了R车站，他就来到乘务室向我打听联运轮船的时间。事故就发生在那之后不久。"列车员答道。

这番话，让本来最有嫌疑的人有了不在场证明，解除了嫌疑。但列车员好像突然想到了什么，说道："但是那天晚上，发生了一个小插曲，列车刚过R车站，就因为有人自杀而紧急刹车，临时停车一次。可我同司机下车一看，压死的不是人，而是一个模特人形。"

"什么？模特人形……"

"有人想阻止火车前行，这样的人真是可恶至极！"

刑警听了这话，马上就识破了罪犯的杀人伎俩。

★提问★

罪犯是如何边坐在行驶的列车上边压死妻子的呢？

··●解答●··

罪犯先用安眠药让妻子熟睡，再伺机把她弄到铁路线上，然后折回R车站方向，把模特人形放在这一带的铁路线上。当列车压死了假人而紧急停车时，罪犯又趁机上了火车。

所以，当列车真的压死人时，罪犯早已在车上了，有了不在作案现场的证明。本案的关键在于找出凶手可能跑出去作案的时间，然后情景再现，没有抽丝剥茧的推理能力是无法侦破此案的。

30

煤气自杀

楼层管理员怀特突然听到一阵急促的敲门声，打开门一看，门外站着一个陌生男子。

"您好，我是杰克，是这里的住户308房苏菲的同事。这几天她都没有来上班，所以我过来看看。敲门敲了很久，都没有人回答，能不能和我一起去看看？"

两人一起来到了苏菲的房间，敲门敲了很久，都没有任何回音。

"该不会是……"杰克一边嘀咕，一边试图用力撞开房门。

房间里到处都是煤气味。煤气炉的阀门开着，所有的门窗都被胶布封了起来，苏菲躺在床上，看上去像睡着了，但是她已经死了。床头柜上摆着一个空安眠药瓶。从现场看，这是一场自杀。

但管理员怀特总觉得有什么不对的地方。过了一会儿，他突然大叫一声，将杰克抓住交给了警察。

★提问★

你知道管理员察觉到了哪里不对，从而判断出杰克是凶手的吗？

●解答●

怀特发现门把上的胶布在门开之前就被开封了。

杰克让苏菲喝了安眠药睡下，又用胶布封锁门窗，最后将煤气

阀门拧开，制造苏菲用煤气自杀的假象。但最后，却无法控制门缝被破坏的细节。

大概两个小时后，他又故作镇静地去敲管理员怀特的房门，请他一道去看看苏菲的房间。两人来到房前时，罪犯故意用身体撞开门，这样的行为，仿佛是在告诉怀特门上的胶布是刚刚被弄开的。正是杰克过于夸张的举动，引起了怀特的怀疑。

这是杰克制造的自杀假象，其实不过是试图结束与苏菲的私密关系而布的局。

31
背后冷箭

警察西蒙刚回到家里，就接到一个电话，说晚上10点时，某校有个学生死在宿舍楼门前。西蒙赶到现场，只见死者倒在学生宿舍楼正门外，头朝正门，脚朝大道，趴在地上，背部被垂直射入一支羽箭。很明显，死者回家时被人背后突袭，然后倒地死去的。

西蒙警官拨弄了一下尸体，发现下面还有三枚1美元硬币，灯光一打，它们闪闪发光。西蒙又查看了死者的衣兜，发现他的钱包里放着整齐的1美元硬币。

西蒙突然间站起身来，询问一旁的大楼管理员："这栋楼有多少学生居住？"

"暑假到了，学生们基本上都回家去了，只剩下卢卡和迪姆两个人。他们都是射箭选手，下周还有邀请赛要参加。"管理员说到这里，抬头看着学生宿舍楼，然后指着那个对着大门的二楼房间，说，"那间就是卢卡的宿舍。"

"晚上10点多，卢卡下过楼吗？"

"我没看到他下来过。"管理员摇头答道。

西蒙走进卢卡的卧室，卢卡正在睡梦中。他故作揉眼睛的状态，惊讶地问道："你们怀疑我杀了迪姆吗？你们到底知不知道他是背后中箭？就算我想杀他，也只能透过我的窗户看到他的头顶，怎么射到他的背部呢？"

西蒙走到窗口边，然后探出身子，转身拿出三枚1美元的硬币，对卢卡说："你敢说这不是你的，也许它们上面还有你的指纹呢！"

卢卡一看，结结巴巴地说："也许是吧，可能是不小心从兜里掉出来的。"

西蒙摇了摇头，对卢卡冷冷一笑，说："你是故意掉下来的，这正是你设下的陷阱。"

★提问★

西蒙是怎样断定卢卡就是凶手的？

●●解答●●

三枚1美元硬币，如果是死者的，肯定会整整齐齐地放在钱夹里，所以不是死者的，最有可能的是从楼上扔下来的，而正对着这块地的恰巧是卢卡的房间。

受害人从外面回来，见到地上有三枚硬币就蹲下去捡，卢卡就利用此时作案。

32
反锁的酒窖

汤姆有个习惯就是每周五都要搭乘上午10点的火车离开工作了一周的城市，在路上花费2小时左右到他郊外的住宅。可是某个星期五，他改变了习惯，没有告诉任何人，搭乘当天夜里的火车回了郊区。

将近凌晨时分，他刚到家，就听到他的秘书莉莉正在地下室的酒窖里面喊"救命"。汤姆砸开门，将秘书放了出来。

"汤姆先生，您总算回来了！"莉莉说道，"刚刚有群强盗洗劫了您的钱，他们说要赶今天午夜12点半的火车回伦敦去，所剩时间不多了，怕来不及了！"

汤姆听了焦急万分，立刻请来海尔丁探长调查此事。

海尔丁听莉莉诉说了经过："他们强行闯进来，逼我服下一粒药片，然后我就睡着了。我醒来时，正赶上汤姆先生下班回来。"

海尔丁查看了地下室。这是个很小的地窖，四周无窗，门可以在外面锁上，里面照明的是一盏40瓦的灯泡，虽说不太亮，但是足以照到酒窖的每一个角落。

海尔丁在酒窖里发现一块古董表，他问莉莉："发生抢劫时，你戴着它吗？"

"呃，是——是的。"秘书回答。

"那么，你最好告诉我钱去哪里了，或者请你跟我们好好说说，你把钱藏在哪儿了。你和那些强盗是一伙的。"

莉莉一听，顿时瘫倒在地。

★提问★

请你猜猜探长是怎样侦破案件的？

··●解答●··

由于酒窖四周无窗，莉莉若真的失去知觉，醒来后就无法知道外面是白天还是黑夜，就是有手表知道时间，也不会分清究竟是白天还是凌晨。而按照汤姆平时的习惯，总是在中午12点左右到家，这样莉莉听到汤姆回来时就会以为是中午，而不会催汤姆到车站去追赶午夜列车的盗匪了。

33

夜半敲门

从前有个旅客，在游览了很多地方后来到一个小村庄。

他住在村里山顶上的小屋里，半夜听见有敲门声，他疑惑地打开门向外张望。但让他更疑惑的是，外面根本就没有人。他想可能是自己听错了，于是回去继续睡。

等了一会儿，他又听见了敲门声，这次他直接冲向门边，迅速打开门，但让他感到不寒而栗的是，还是什么都没有，门外漆黑一片。

就这样，整个晚上他多次被敲门声吵醒，起身开门又什么都没有。起初，他以为是有人捣乱，但如此反反复复让他越来越觉得害怕。

终于熬到了天亮，他一下子冲下山，发现了一具死尸。

警察在了解情况后，把山顶的那人带走了。

★ 提问 ★

你知道为什么吗？

·●解答●·

原来旅客的门开在悬崖边，门是向外开的，死者是从悬崖下爬上来的。死者好不容易爬上来，旅客一开门，死者就被门推下去。如此几次，从悬崖下爬上来的那个人就被摔死了。

34

心理学家之死

迈克是位心理学家，目前就职于一所大学，他是公认的最具发展潜力的学者之一。曾立志终身献身科学，并发誓终身不娶的他，一个人独居，除了一位负责照料他生活起居的女佣人之外，陪伴他的就只有书籍和手稿。

5月20日是迈克所在大学的心理系建系30周年纪念日，所有的师生都在为这场庆祝典礼积极做准备。学校的领导们陆续发言完毕，但是迟迟不见老师代表迈克的身影。校长立刻派人去他家找他，结果发现迈克教授已死在了家中。

接到报案电话的警察立即赶往现场，随后探长菲里询问了女佣。

女佣带着哭腔对探长菲里说道："两个小时前，教授让我为他倒杯加冰威士忌，并且准备好洗澡水，他想睡一会儿，并且让我两小时后叫他，他还要去参加学校的庆典活动。时间到了，我多次敲门，都没有回应，我就打开门，发现他已经口吐白沫倒在地上了。"

菲里看了看迈克喝过的酒杯，发现酒杯里除了冰块还有些安眠药。

探长认为死者并非自杀，而是谋杀，凶手就是女佣。

★提问★

探长为何觉得女佣就是凶手呢？

··●解答●··

菲里发现酒杯里还有冰块，经过两小时冰块应该早已化掉，这说明这杯酒是在迈克死后放在房间里的。这充分说明女佣撒了谎，目的就是掩饰她杀人的行为。

35

山冈上盛开的花

　　某个夏天的早晨，在位于加拿大温哥华的某处可以俯瞰海湾的山冈草地里，警察发现了一具中年妇女的尸体，尸体被放在一块塑料布上面。

　　警察经过身份调查得知，死者是在市内一家公寓里孤独生活的寡妇。几年前，因为飞机失事，她的丈夫遇难了，只留下她靠着一笔抚恤金和生命保险金维持生活。这个性格孤僻的女人对花粉过敏，所以很少外出，只喜欢在家织毛衣和刺绣。

　　据尸检报告推定，这个女人的死亡时间是前一天傍晚，致死原因就是氰化钾中毒。在死者旁边找到了果汁易拉罐，果汁里掺有氰酸钾，易拉罐上还有她本人的指纹和唾液。并且，警察发现她的手提包里装着一个日记本，而最新的日记是一首美化死亡的诗句。根据上面的证据，警察考虑这是一起自杀案。

　　可是，当死者的哥哥从外地乘飞机赶过来，看到山冈上妹妹的死亡现场时，就立即向警察说明："刑警先生，妹妹不是自杀。如果服毒自杀，也绝不会选择这种地方。"

　　这番话让刑警大吃一惊，随后问他缘由。哥哥指着现场盛开的黄色野花说明了理由。死者的哥哥又说道："妹妹有一笔数目可观的抚恤金，罪犯一定是惦记妹妹的钱财才要毒死她，然后把尸体放到这里，还伪造了这样的自杀现场。至于那份遗书，不过是妹妹非常喜欢的诗词而已。一定是罪犯拿到了妹妹的日记而利用了它。总之，请重新进行调查。"

在死者亲属的强烈要求下，警察决定重新立案侦查，几天后便抓到了罪犯。罪犯是个叫马克的中年单身汉，刚刚搬到死者所在的楼里，得知邻居是个小有钱财的寡妇后，便花言巧语地接近她。

此后，正如死者哥哥说的那样，犯罪分子伪造了她自杀的假象，把尸体放到了山冈上的草地里。罪犯以为自己伪装得很巧妙，但没想到由于被害人哥哥的出现而使事情败露。

★提问★

死者的哥哥为何一眼就察觉到案发现场的问题，为什么对妹妹的死因产生了疑问？

••●解答●••

死者的哥哥发现妹妹选择的死亡地点有花草，便对其"自杀"产生了怀疑。

因妹妹患有花粉过敏症。如果来到开有野花的草地里，就会打喷嚏，涕流不止。所以，她怎么会选择这样的地方自杀呢？

罪犯马克刚搬进这栋楼，并不知道死者对花粉过敏。因此，马克毒死她后便粗心地将尸体转移到杂草丛生、并且到处开着野花的地方，正是这个失误暴露了他的罪行。

36

离奇的绑架犯

某大公司董事长的孙子被人绑架了，绑架犯要一千万赎金。

绑架犯来电说道："今晚11点，把钱准备好，包起来放进皮箱。交货地点是W公园铜像旁的椅子下面。"为了保住孙子的性命，董事长按照绑匪的要求，准时把钱放在了指定地点。

约定时间到了，一个穿着时尚的女士走了过来，拿了皮箱快速离开。她似乎没有顾忌周围的警察，径直上了一辆计程车，当然，她的行为被警察全程监视。

随后，计程车到了M车站。那位女士手提皮箱下了车，然后把皮箱寄存在车站的出租保管箱里，随后空手上了月台。她迅速跳进刚驶进月台的电车后，车门随即关上了。于是，这条线索就断了。

之后，警察监视那个皮箱，皮箱始终被锁在保管箱里，她的共犯一定会来拿。警察们这样琢磨着，但是过了很久，都没有任何动静，于是警方觉得不太对劲，便叫负责的人把保管箱打开。果真，打开箱子后，警察发现一千万早已不翼而飞。

★提问★

钱为什么会不见，你猜共犯是谁呢？

··●解答●··

绑匪就是计程车司机。那名女子其实与绑架事件没有多少关系，她只是被委托去帮忙把皮箱拿走而已。

计程车司机把钱拿走后，让女子把皮箱放到车站的保管箱里。当然，女子这样做是有报酬的。

37 自杀疑案

某个星期六，有个学生在某快捷酒店里服药自杀。第二天，酒店员工打扫房间时发现了尸体，便立即向上级报告。

"是不是马上报警？"服务员问。

"你傻了。警察一来，就会闹得满城皆知，酒店声誉会被影响的！"

"那么尸体又要怎么处理呢？"

"把他弄到后面的公园里吧！那里经常有人自杀，这不，上个月就有一对情侣在那里殉情，警察会把它当作一起普通的自杀案处理。"午夜，所有人都进入梦乡后，服务员和主管便悄悄地将尸体转移到后面的公园里。

他们抄起一张被丢弃的报纸，把它铺在尸体下面，顺手把遗书放到了死者口袋里，还把有毒的杯子放在尸体脚边，乍看上去，就是一般的自杀现场。而主管和服务员也做得十分利落，丝毫没有留下与自己有关的证据。

第二天早上，尸体被发现了。经验尸后，证实死亡时间是在星期六晚上9时左右。

老练的探长霍尼在查看过现场后，说："就算是自杀，但发生的地点也绝不是这里。我揣测是有人怕麻烦，才将尸体迁移到此。"

★提问★

经验老到的探长为何这样说？

··●解答●··

报纸泄露了问题。死者死亡时间是星期六，怎么会躺在星期日的报纸上呢？

38

真假玉雕

历史博物馆正在展出一件名贵的玉雕。这几天天气非常好，又逢节假日，前来参观的观众很多。临近闭馆的时候，一个鬼鬼祟祟的男子混了进来。他胸前挂着照相机，身后背着一把晴雨伞，趁散场前混乱的时候溜进了大厅的楼梯间里。不久，博物馆便清场了。

小偷观察到展厅没什么动静了，便悄悄地溜了出来，从晴雨伞伞柄中取出撬锁的工具，然后又从相机皮套中取出赝品。此时，外面下起了大雨，风雨声遮盖了一切声音，小偷伺机开了展柜，偷换宝物，然后又恢复原状，溜回楼梯间。

第二天是个阴雨天，博物馆里的人比昨天少了一些，窃贼趁机从楼梯间混了出来，看到其他游客兴致勃勃地讨论赝品，不由得得意扬扬。可是，当他撑开伞准备离开博物馆时，却被前来参观的罗根挡住了。罗根问他昨天晚上躲在博物馆里干什么。

窃贼做贼心虚，解释不清，罗根立刻说："跟我去趟警局吧！"

★ 提问 ★

你知道罗根是从哪里看到窃贼破绽的吗？

··●解答●··

外面下着雨，怎么可能打着一把干伞进来，这只能说明他一夜都没有出去。

39
把被杀写成自杀的文章

中学生洛克是个不折不扣的业余侦探，平时尤其喜欢看侦探小说，对大侦探福尔摩斯更是崇拜得五体投地，说起关于他的书籍，洛克如数家珍。有一次洛克在某本杂志上找到一篇关于福尔摩斯破案的文章，作者这样写道：

福尔摩斯："内侧门的钥匙孔内插着一把钥匙，莫塔发现尸体

时，有没有用手去拔或者摸过这把钥匙呢？"

莫塔："我没有摸过那把钥匙，因为门本来就是锁着的，打不开，我是跳窗户进来的。"

福尔摩斯："那好吧，我们可以查查指纹。"

福尔摩斯就在插进的钥匙上撒下了一些化学药剂，用放大镜观察。

福尔摩斯："钥匙柄上，表面和背面都可以清晰地看到旋涡型的指纹，好了，这可以和被害者的指纹比对了。"

福尔摩斯随后趴到床上，用放大镜仔细看着女尸右手的指纹。

福尔摩斯："啊！死者的指纹与这钥匙柄上的指纹完全不同。"

莫塔："那就是说她是自杀的？"

福尔摩斯："正是，这样的案件，不需要让我这种名侦探出马吧！"

洛克阅读了这篇文章后，不敢相信大名鼎鼎的福尔摩斯也会判断错误。

★提问★

究竟这篇文章判断错在哪里？

••●解答●••

问题就出在钥匙上的指纹。

一般人开钥匙时，都使用拇指和食指，不过用的是食指的关节旁边部分，而不是指尖部分，这样才能转动钥匙，所以钥匙柄处，留的是拇指的指纹，不会是食指的指纹。

40
告密者

一天，惯犯B来到高级公寓N大厦，随意按了一个单位的房间门铃，没有回应。他俯下身，想用自己的万能钥匙打开房门进去遛遛，但是房间里突然传出一个女人细腻的声音："等一下。"紧接着，她提高嗓门，问了一声："谁啊？"

慢慢地，门被打开了一条小缝隙，然后露出一张精致的面孔。

小偷猛地用力推开门，一个纵身蹿进房间，然后用背顶着门。女主人见此情景，惊吓不已，大叫道："你想干什么？请出去，不然我要叫警察了！"女郎的话还没说完，小偷就像恶虎般扑了过来，狠狠地掐住女主人的脖颈。不一会儿，女主人反抗的力量渐渐弱下来，最后瘫倒在床上。

小偷见女主人昏死过去，便开始翻箱倒柜，找寻钱财珠宝。

突然，房门被撞开了，冲进来几个警察。他们看了看倒在床上的女主人，说："你被逮捕了！"小偷看到手铐和握着手铐的警察，吓呆了。他想：我作案多起，从来没有失手过，为什么今天会栽跟头呢？整个现场从窗帘到隔墙，都十分可靠，怎么会被发现呢，究竟是谁报的警呢？

★提问★

请问这是为什么呢？

··●解答 ●··

小偷按门铃时，女主人正在和友人通电话。

女郎说的"等一下"，其实是对电话那边的朋友说的。她与小偷殊死搏斗时，手机摔了下来，她的呼救早已传到听筒那边她的朋友那里，她朋友马上报警。

41
露馅的假警官

阿克塞是个著名的盗窃犯，多年前，他曾参与一起珠宝行的盗窃案，结果报警器响了，被警察抓了起来，并判入狱十年。

出狱后的第二天，阿克塞又来到这家让他恨之入骨的珠宝行，心说："哼！上一次我差点得手了，就是因为那可恶的警报器，这一回，我一定要想办法让警报器失灵，偷走最值钱的珠宝，报坐牢十年的仇！"

怎样让警报器出故障呢？阿克塞想出了一个小花招。他佯装成警察，来到珠宝店里。他对老板说："警察局最近接到情报，有一伙匪徒流窜到本市，准备抢劫珠宝店。为了加强防备，我今天来检查一下防盗警报器。"

珠宝店老板一听，紧张地问："啊，他们有多少人呢？"只见阿克塞慢悠悠地掏出香烟开始吞云吐雾，然后才傲慢地说："具体的人数，我也不是非常清楚。"

珠宝店老板显得更加焦虑："那……万一匪徒来了，我可怎么办呢？"阿克塞把烟灰一弹，大大咧咧地说："别担心，警方已经做好了充分准备，只要防盗警报器一响，那两个坏蛋就别想溜掉！警报器装在哪里？快领我去！"

珠宝店老板一听，马上指着地下室说："您说的警报器就在下面，您下去检查吧！"等到阿克塞一进去，珠宝店老板"砰"的一声把门反锁上，然后打电话报警："您好，我要报案，我们店里来了一个假警官！"

★提问★

珠宝店老板如何察觉到阿克塞是冒充的呢？

··●解答●··

阿克塞开始说自己并不知道匪徒人数，后来却说有两个坏蛋，所以说漏了嘴，露出了马脚。

42

牙病患者之死

伊曼纽尔医生是当地非常有名的牙医。一天，他正为患者唐纳德的牙齿制造齿模时，突然诊所的后门被悄悄打开了，伸出了一只

手，它戴着黑色手套，握着一支自动枪。

枪手开了两枪，唐纳德当场丧命。

"我们刚刚找到一名可疑的人员。"警官吉恩一小时后这样向朗波侦探介绍，"电梯管理员说自己在枪击发生前不久的时间里，为一个神情紧张的男士引路，那个男人上了十五楼，也就是伊曼纽尔医生的诊所所在的楼层。根据描述，这个男人很像是加百列。"

"加百列目前还在假释期间，"警官继续说，"我已经在他的公寓逮到他了。我要审问他在假释期间所犯的任何一件小过错。"

加百列被逮捕后，气愤地问道："这是怎么回事？"

"你最近见过伊曼纽尔医生吗？"警官问。

"没有啊，怎么了？"

"唐纳德被打死了，大概两个小时前，就在伊曼纽尔医生的诊所里。"

"我一直在午休啊。"

"一名电梯管理员说他在枪击发生前不久，带了一个人上十五楼，而这个人的模样很像你。"

"怎么可能是我？"加百列吼道，"长得像我的人非常多。我从没接近过任何一家牙医诊所。我都不认识这位伊曼纽尔医生，你们有什么证据？"

"好了，"朗波侦探忽然打断他的话说，"我已经知道谁是凶手了！"

★提问★

朗波侦探找到了什么证据呢？

··●解答●··

既然加百列说自己根本不认识这位伊曼纽尔医生，又怎么会知道他是牙医？由此可知，加百列撒了谎。

43 手里的金发

某个阳光明媚的清晨，在一所高级公寓里，发现了时装模特苏珊的尸体。她的脖子被绳子勒着，倒在卧室的床边。

侦探贝克发现了尸体。他本来是来调查另一个案子的，但是路过这个单位时，发现门没有锁，就想进屋一探究竟，于是发现模特死在了自己家里。尸检报告证实死亡时间是昨晚9点至10点间。

贝克发现死者的右手攥得紧紧的，打开一看，手指上缠着几根头发，是烫过的头发。

此时，来打扫的女佣进来了。

"这一定是凶手的头发，在他们打斗时留下来的，一定是恨苏珊小姐的人做的。在苏珊小姐认识的人中，有没有烫发的人？"

"我知道的人中，就只有给设计师当助手的马修了。他是住这个公寓九楼的一个年轻人，曾向苏珊小姐求婚遭拒绝，一定是因此

怀恨在心而杀了她。"听了女佣的回答，贝克侦探在报警后，来到
九楼找马修。

马修是个金色鬓发的美男子，看上去刚刚理过发。贝克侦探将
苏珊被杀一事告诉了马修，并询问他昨晚9点至10点在哪里。

"我一直都在家里看电视，因为是一个人生活，所以没有人可
以给我作证，不过我没有撒谎。"马修回答说。

"你什么时候弄的头发？"

"昨天中午，这与案件有关系吗？"

"被害人死时，手里攥着凶手的几根金发。为了排除嫌疑，我
们想拔您几根头发去化验，可以吗？"

"当然可以。"

马修忍痛拔了两三根头发给贝克。

贝克侦探掏出放大镜，对比着马修与死者手中的头发。

"嗯，这几根头发是一样的，应该出自一个人，不过，我想你
不是凶手。"

听了贝克侦探十分肯定的话，马修放了心。

"为什么苏珊小姐死的时候会攥着我的头发呢？"他感到很
纳闷。

"最近是不是有恨她的人来过你这里？"

"不，最近没人来……"马修刚说了一半，"啊，差点忘了，
女佣人来过。她每周一和周五都会过来打扫，昨天早晨还来过呢！"

"那个女佣人也同时去苏珊小姐那里打扫吗？"

"对啊。那个女佣每次来打扫过后，我的咖啡和威士忌总是会

莫名地少很多。"

"原来凶手就是女佣，大概因苏珊小姐发现女佣喜欢偷拿，所以才被杀害了，并且她想嫁祸给你。"

贝克侦探很快就破了案。

★提问★

那么有何证据？

··●解答●··

发梢的形状迥异是破案关键，因为用两组不同的头发做对比，发现发梢的形状不同。

马修的头发由于刚刚被修剪过，所以是齐的，但死者手里的头发发梢是圆的，也就是说是理发之前的头发。女佣人为了嫁祸给马修，就找了几根马修的头发，故意攥在被害人的手里。

44 咖啡毒杀案

青年侦探萨拉里因故来到警察局办案，顺道拜访了刑事部。

"部长先生，您的神情比较焦虑，是不是遇上了什么让您神伤的事？"

"是的，眼下有件咖啡毒杀案，不知怎么继续，案子毫无进展。我们怎么也想不出凶手究竟是怎么让死者喝下毒药的，所以迟

迟不能结案。"

"你能否说得更具体一些呢？"

这宗案件发生在某公司的工作时间里，而且几乎是在众目睽睽之下发生的谋杀案。

小白领托比拿着杯子去开水间倒了一杯清水，回到座位上。"为什么不来杯咖啡，而是要杯开水呢？"一个女同事殷勤地说。

"我要喝感冒药，得白水送服。但是，如果您能给我一杯咖啡就再好不过了。"托比边说边从上衣口袋里掏出药包。

"我也要一杯咖啡，谢谢了。"坐在托比邻桌的布朗也抬起头。布朗非常喜欢咖啡，公司上下都知道。布朗这么一说，屋里很多人都想喝咖啡，女同事不得不为每人都准备了一杯咖啡，另一个女职员也过去帮忙。当然，这样的情形时有发生，大家都习以为常。

布朗从女同事的托盘中随意取了两杯，将其中一杯递给了邻桌的托比，并从砂糖壶中取了两勺糖放在自己的杯中。布朗喝了一大口咖啡，然后就猛地咳嗽起来，以致咖啡溅到桌前的稿纸上。托比见状，立刻将自己喝药剩下的半杯水递给了布朗，布朗一口饮进。但痛苦程度随之变得更加厉害，杯子也从布朗手中脱落，掉在地上摔碎了。

"喂，怎么啦？"托比快速奔过来一探究竟，发现布朗已经倒地，并且停止了呼吸。

"托比这个人非常灵活，发生了这样的事情，他第一时间把所有的杯子都封存了起来，所以我们赶到现场时，所有的证据都很完好。"刑事部长向萨拉里说道。

"可鉴定结果是只有布朗的杯子有毒，其他人的杯子和砂糖壶上都没有毒药。案发时，这两名女职员自然首先被怀疑，但她们几乎是一起准备的咖啡，且所有人的杯子基本一样，根本难以区别，所以除非两人是串通好的，不然很难把有毒的一杯恰好分给布朗。而且她们两位根本没有杀人动机，也无同谋之嫌。"

"邻座的托比也没有杀人动机吗？"萨拉里问道。

"好像有，有人说过他们玩纸牌，托比欠了布朗很多钱。他们两个人是相邻坐着的，中间或多或少都隔着杂物，如果想这么明目张胆地投毒，恐怕不太可能。"

"他们说布朗死前喝过的咖啡溅到了纸上，那张纸你们保管起来了吗？"

"我想是的。"

"为什么不去化验一下那张纸呢，还有布朗用过的杯子里也放了些毒药，您也取证收起来了吧？"按照萨拉里的意思，一小时后，从鉴定科传来了结果，部长开心地说道："真是意外，果然不出你所料。"

★ **提问** ★

布朗是怎样被托比毒死的呢？

·· ● **解答** ● ··

托比故意将两人共用的糖壶中的糖换成了盐。布朗喝了变咸的咖啡后自然咳嗽起来，实际上这时候的杯子里是没有毒药的，在场的人不过是事后回忆起来，因为那些症状而以为布朗这时已经中毒了。其实，真正有毒的是托比给布朗先生的那杯水。

托比假装要吃药，所以特地准备了一杯水，然后趁人不备将毒药放了进去。至于布朗杯子里的毒，应该是在布朗死后，贝克偷偷将余下的毒药放进布朗杯中的。所以，即使去检测稿纸上的咖啡沫，也肯定不会找到证据。为了不引起众人怀疑，托比也喝了加了盐的咖啡。

45

台历上面的数字

莱姆警长接到斯柯达夫人打来的报警电话：斯柯达先生被绑架了。斯柯达先生是小镇的首富，坐拥百万身家。

莱姆警长立刻和助手赶往斯柯达先生的乡村别墅。斯柯达夫人告诉莱姆警长："大概两个小时前，我接到一个陌生电话，'您先生现在还活着，如果希望他继续活着，就必须给我20万。'接到电话，我才知道我丈夫被绑架了，是昨晚被绑架的。"

莱姆警长问："昨天晚上您在哪儿，做什么？"

斯柯达夫人说："昨晚我到姨妈家去了，今天上午才回来，想不到会发生这样的事情。"

"他们有没有讲怎么交付赎金呢？"莱姆警长问。

"他们没有说，只是让我把钱准备好，具体的交易方式会再通知我，如果报警，就等着为斯柯达收尸。"斯柯达太太抽泣着说。

莱姆警长又询问了斯柯达的仆人，仆人说："当时有客人来拜访男主人，不过我没有注意到这位客人的具体样貌，只是感觉他40多岁，戴着墨镜，帽檐压得很低……但从斯柯达先生把客人引向了自己的书房，可以很明确地知道，他一定是熟人，因为男主人从不随意带人去书房。"

莱姆警长发现问不出对破案有用的信息了，便开始搜查房间。书房里并没有留下外人的痕迹，而且这位熟人用过的杯子上也没有留下指纹或唇印。虽然有鞋印，但绑架犯一定是有备而来，穿着平底光面鞋。窗子被打开了，从窗子到别墅的后门这段小路上，留下了斯柯达先生的脚印和绑架犯留下的平底光面鞋印。

"犯罪分子逼迫斯柯达先生从后门离开，但是这本台历代表什么呢？"莱姆警长对斯柯达夫人说，"这上面歪歪扭扭地写着'7891011'。斯柯达太太，之前您有留意到这些数字吗？"

"没有，斯柯达从没有这种习惯。"

"也许这些数字说明他们非常重要，代表某个人的名字或者地址。夫人，你知道斯柯达先生得罪过哪些人？也许你可以提供一个可疑分子名单……"

"舒特、利查斯、麦克尼尔、加森……可是，斯柯达的仇家不一定会是绑架犯吧！"斯柯达夫人不解地问。

"哦，我大概已经知道谁是凶手了。"莱姆警长笑了笑说。

后来，警长凭借这些线索找到了绑匪，并且在绑匪家里找到了斯柯达先生。

★ 提问 ★

绑匪是谁呢？莱姆警长是如何破案的？

·•● 解答 ●•·

犯罪分子逼迫斯柯达先生从后窗离开，打开窗户时，斯柯达在台历上记下了这么一串数字，当时他肯定怕罪犯发现，所以才没敢直接写名字，而是采用了数字代码。7、8、9、10、11这一串数字有什么意义呢？

在英语里，这正是7月、8月、9月、10月、11月的字头：J—A—S—O—N，根据这个证据，警长逮捕了Jason（加森），并从加森家的地窖里找到了斯柯达先生。

46

口香糖

杰瑞为躲避债主，搬到了一个非常秘密的房子里，可还是被眼线众多的债主大卫发觉了动向。

这天夜里10点钟，杰瑞正在客厅里看电视，大卫找上门来，他是来催债的。杰瑞一面央求对方再缓几天催债，一面从冰箱里拿出啤酒款待债主。趁大卫不注意，杰瑞抄起空酒瓶砸在他头上。大卫遭到突袭，应声倒地，一命呜呼。

杰瑞把汽车从车库开出来，再把尸体装进行李箱，开到很远的

S公园把尸体抛进池塘里。凌晨两点回到家，把屋子打扫得干干净净，无论是桌椅还是杯子和大门把手都擦了又擦，这样，屋内没有留下半点大卫来过的痕迹。

由于作案后十分紧张，杰瑞失眠了，吃了几颗安眠药才入睡，一直睡到第二天傍晚。没多久，门铃就响了，杰瑞开门一看，有两个刑警站在那里。

"昨晚大卫先生来过你这里吗？今天早晨他的尸体在S公园的池塘里被发现了，他的衣服口袋里有你家的住址。"

"昨天晚上根本就没有人来过我家，我和大卫先生很长时间没见面了。"杰瑞故作镇静地回答。然而，刑警们却轻蔑地笑着说："这可奇怪了。实际上今天上午我们已经来过一次了，怎么按门铃也没人开门，以为你家里没人就回去了。赶巧，在大门前我们拾到了一个很有趣的东西。经鉴定那正是属于死者的。"刑警从衣袋里掏出一个小玻璃瓶，让杰瑞看里边装的东西。杰瑞见罪行已被揭露，只好从实招供。

★提问★

你知道到底是件什么东西吗？

··●解答●··

小玻璃瓶里装的是死者嚼过的口香糖，上面留有死者的唾液和齿型。口香糖上没有多余的灰尘，应该是新的。杰瑞在消灭证据时，忽略了大卫来时是嚼着口香糖的。

47

遭抢的男护士

一位男护士在街上被抢劫，他挨了匪徒一闷棍，现在正躺在医院里昏睡。离案发时间还不到一小时，就有三个人被带到了警局侦讯室，他们被怀疑跟这起抢劫案有关。

贝克街的萧森探长对第一个犯罪嫌疑人A说："A先生，今天早上在卡姆登路发生了一桩抢劫案，一名护士被打昏在摄政公园入口附近。这个抢匪抢走了被害人的钱包。摄政公园路口设了一台测速照相器。在案发三分钟内，相机照到三辆超速行驶的车子。这就是为什么你会在这里的原因。A，说说看，你今天为什么如此惊慌地超速开车？"

"探长先生，"40来岁的A干咳了几声，"我从来没有伤害过任何人，但我还是希望那位护士先生能赶快好起来呀！我是个商人，只是急着开车去接客户而已，我六点半才起床，不到七点就赶着出门了。"

第二名嫌犯B是位30岁出头的银行职员。"你说的案件完全与我无关啦！"B说道，"我前晚带着女友去山上过夜，但是必须在早晨之前把她送回家，不然会被她爸妈发现的。后来，我突然尿急，想到卡姆登路附近有麦当劳可以上厕所，所以车速可能快了一点。"

第三名嫌犯C是个大块头，他自称是个非常温柔善良的好人。"抢劫案怎么可能是我干的，我是个好人。每次看到护士我都会过去问问有什么要帮忙的，我最尊敬白衣天使了。"C的口气十分坚定，"我是专程北上来照顾我姑妈的。我照顾了她四天，见她好多了，所以吃完早餐后我就急着开车回家了。"

经过电话调查，A的家人证实他确实是在七点以前就出门了。B的女友犹豫了一下，还是证实了他的说法。C的姑妈说辞与她的侄儿相同，并且她还强调自己的侄儿心地善良，不会做出那样的事。

贝克街的萧森探长陷入了深深的思考，忽然他笑着释放了其中两名犯罪嫌疑人，而把另一名再次送进了侦讯室。

★提问★

请猜一猜萧森探长怀疑的是谁？

•◦●解答●◦•

萧森探长怀疑的人是A。

A说过一句话："我希望那位护士先生能赶快好起来呀！"在整个侦讯过程中，萧森探长的确说过受害人是位护士，但他从没说过是男性，并且一般人都会认为护士是女的，为何这位A会直接就说受害的护士是先生呢？

所以，探长由此判定，A一定"见过"受害人，因此他的嫌疑最大。

48

古堡凶杀案

百万富翁穆恩先生买了一座古堡，他把它改造成古色古香的酒店，吸引了不少游客。但这里经常发生神秘的自杀事件，严重影响了酒店的生意。著名的大侦探福特和助手决定前去一探究竟，于是乔装一番，入住了酒店。

穆恩热情地接待了两位侦探先生，还把他们安排在508房间，顾名思义，是五楼的房间。当老板带着两位客人来到五楼时，福特看到房间旁边有一扇大铁门，便问穆恩那是什么地方。

穆恩说："想参观吗？请帮我拉一下。"于是三人拉开了那扇大铁门，铁门内是一个漆黑的无底洞。穆恩笑着介绍说："据说这个洞是几百年前用来处死犯人的，可近一段时间总有客人用它来自杀。"三人退了出来，关上铁门。

进了508房间，福特小声叮嘱助手留意穆恩。晚上，两位侦探和衣躺在床上。半夜时分，门外突然传来一声惨叫，福特和助手飞奔向那扇铁门，只见那扇铁门大开着。不一会儿，就有很多游客聚集过来，大家议论纷纷。这时，穆恩走了过来，他故作悲伤地说道："306房间的那位男客人想不开，跳下去自杀了……"

"穆恩先生，这是谋杀，你就是凶手！这门一个人根本拉不开，他怎么会打开铁门跳下去自杀呢？"福特的助手打断了他的话。

"那你有什么证据怀疑是我杀了他呢？"狡猾的穆恩反问道。

神探福特拿出证件亮明身份，并对大家说了一番话，穆恩像泄了气的皮球一样瘫在地上。

★提问★

你知道神探福特说了些什么吗？

••●解答●••

无底洞漆黑一片，穆恩根本没有看清死者到底是谁，就说是306房的人自杀了，可见他就是凶手。

49
谎言背后的真相

今年，洛杉矶别墅圣地的第一场大雪，比往年要早半个月，到现在为止已经积了30厘米厚的雪。

大雪一直到星期六早晨6点钟才停。午餐过后，著名作家马里斯被人发现死在了被大雪封住出口的圆木造型别墅里。尸体是马里斯的夫人发现的，她刚从纽约赶来。死者胸部、腹部都被砍伤，身体倒在血泊里。尸检发现死亡时间是当天上午9点左右。

被害人几天前为了新剧本一个人来到这里。房门后面放着一套滑雪板，积雪上面还留着两条滑雪的痕迹，一直通往离此处大概有

40米远的另外一幢红砖别墅。通往那幢别墅的路是上坡路。

这栋房子里住的是当红电影演员米娅，她是来此疗养的。

刑警来找她做笔录，发现这两人关系不简单。她做了如下回答：

"星期五中午马里斯来到我的别墅。不久下了大雪，于是就在我这里过了一夜。今天早晨起来一看，大雪已经停了，我们一起喝了咖啡，是速溶的，8点多时，他回到自己的别墅去了。因为有消息说他的夫人中午会来看他，也许是怕我们的关系被发现，他便慌慌张张地离开了。"

"那别墅外面的滑雪痕迹是他回去时留下的吗？"

"是的。我家本就有两套滑雪板，我把其中一套借给了他。他不会滑雪，所以抬起屁股、似站非站地滑回去了。"

"你滑得好吗？"

"昨天有点感冒，所以并没有出去过，你也看见了，我家附近除了马里斯回家的滑雪板的痕迹外，再没别的痕迹。"米娅一直强调雪上并没有自己的脚印。

没错，在这段回去的路上，只有滑雪板的痕迹，没有其他任何滑雪和鞋子的痕迹。

马里斯的滑雪板痕迹并不是一气呵成的，应该中途停了很多次，左右滑雪板的痕迹或是距离较宽或是压在一起，显得很乱。他果真滑雪技术很差。

距离马里斯在自己别墅被杀，已经3个小时了。雪停之后，如果罪犯从现场逃跑的话，当然会在雪地上留下足迹。可死者太太发现丈夫的尸体时，并没有看到那种足迹，所以米娅仍值得怀疑。于是，警察严厉地追问她。

"死者太太说一定是你杀害了他，因为他们并没有离婚，你却想取而代之，死者没有勇气和妻子离婚，你厌恶这样的态度，所以一气之下杀了他。"

"那是她胡说。雪停之后我从没有离开过屋子，怎么可能杀人呢？"米娅很冷静地反驳。

但是，没过多久，她的犯罪行为就被揭穿了。问题的关键就是她别墅门外的那棵松树。松树上有一半雪都落在了地上，警察也发现了她的巧妙手段。

★提问★

凶手使用了怎样的手段呢？

••●解答●••

马里斯昨晚并没有在米娅的房子里过夜。死者在下雪时就已经待在自己的别墅里，没有出去过了。周六早上，雪停之后，米娅曾滑雪来到马里斯的别墅。当时她只用了单只滑雪板。在自己房子门前的松树上拴了一条绳子，边放开绳子边往下滑。当到达目的地后，她把绳子拴到了后门的柱子上。

返回别墅时，凶手又拽着那条绳子，边往身上缠绕，边顺着上坡路回自己的别墅。这样，雪地上就只会有这两条滑雪板的痕迹，好像他从她的别墅里回去一样。

马里斯别墅后门的确有两只滑雪板，那是因为米娅为了实施这一切，结合天气预报而提前准备的。滑雪板痕迹不规则，甚至有点凌乱，是因为拉着绳子用一只滑雪板往返造成的。拉着拴在树上的绳子前进，松树被晃动，因此，树上的积雪也掉了下来。

50
博士的遗产

独居在郊外的皮特博士在家被人杀害了，这是一起枪杀案。

尸体是在第二天清晨被保姆瑞娜发现的。当时死者倒在了书房的正中央，胸前中了一枪。屋内的灯还是亮着的，而此时博士穿着礼服，恰恰倒在灯下。

窗户关着，窗帘也紧紧拉着。在窗帘和玻璃上有一个弹孔，死亡时间可能是昨晚九点。侦查科长保罗和助手卢卡奉命赶到，勘查了整个房间。当地治安队长把情况做了简略介绍："犯人应该是从距离院子大约40米的杂树林里开枪射击的，一枪命中，也许根据好枪法这点线索，可以找出犯人。"

保罗却提出疑问："黑色窗帘的布料那么厚，即使开着灯，似乎也不容易将影子照出来，让外面的人看到。而且，皮特博士是在电灯下方被射死的，所以他的影子很难映到窗上。犯人怎么能这么准确地射击呢？难道是巧合吗？"

保罗科长的疑惑，治安队长不知该怎么回答，只是答应可以在天黑时做一下试验。

试验过后，证实了保罗科长的疑惑。"仅仅从窗帘缝隙处可知室内是否开着灯，透过窗帘根本不可能看到人的影子。当然，也许罪犯是一个神枪手，一枪毙命。"治安队长感到有些奇怪。

"您知道犯人是谁吗？"保罗非常直接地问道。

"博士有一大笔财产，他没有孩子，所以继承人是两个侄子，杰克和杰瑞，他们都有重大嫌疑。"

接着，警方便讯问杰克和杰瑞，但是都没有获得有力的证据。实际上，案发当晚，两人在叔父家共进过晚餐。之后，三人在书房隔壁的起居室里谈话。据说八点半的时候，杰克和杰瑞各自回家去了，而保姆瑞娜在七点半就走了，这段时间，两个侄子都去过书房一次。

先是杰克。在谈话中，博士的烟抽完了，杰克回去帮叔叔取烟。回家前，他还从书房借了几本书。这段时间，皮特博士并没有回过房间。这些，两个侄儿都可以为彼此作证，并且离开前，皮特博士一直把他们送到门口。第二天发现尸体时，他的家门是紧锁的，所以呈现密室状态。

再说，两个侄儿各自住在自己的公寓里。据他们说，当晚在告别叔父后，他们一个向左，一个往右，各自回家。保罗科长想到这里，陷入了沉思。过了一会儿，保罗科长突然睁开眼睛，对治安队长说："据保姆讲，尸体被发现时，书房里的电灯还亮着？""是的，电灯是亮着的。""那我大概知道谁是杀人凶手了，犯人很聪明地运用电灯杀死了博士。"

★提问★

那么，真正的犯人究竟是谁呢？

••●解答●••

凶手是杰克。他离开叔父家前，还去了书房，这就是证据。

凶手从书房出来前，弄坏了灯头上的开关，或者直接摘下电灯泡。所以博士进房间后，发现电灯不亮，只能想办法把电灯弄亮。这时，博士一定会站在电灯的正下方。

所以，从书房的窗户看到电灯亮的瞬间，被害人应该就在电灯的正下方，所以可以很准确地瞄准射击。当然，书房电灯的具体方位，凶手早已知道。

51

野炊凶案

五位好友一同去野餐，一个是公司总经理，一个是他的妻子，一个是总经理夫人的妹妹，一个是妹妹的男朋友，还有一个就是总经理的私人心理医生。

总经理开车，总经理夫人坐在副驾驶座上，妹妹和男友一起坐在第二排上，第三排坐的是心理医生。当车开到郊外时，总经理突然朝后视镜看去，说了一声："好美啊。"可是，车上的其他人都不觉得美。

到达目的地后，总经理和心理医生一起去爬山，妹妹和男友去看风景拍照，最后只剩下总经理夫人一人。

总经理和心理医生二人开始爬山，爬到半山腰时，总经理觉得自己憋闷得厉害，呼吸困难。经心理医生观察，总经理需要上医院治疗，于是两人便往山下走。到了山下，总经理和妻子决定先回家，于是给妹妹和妹妹的男友留下纸条，让他们自己乘车回家。于是，他们三人就先走了，妻子驾车来到医院把一切安顿好后，他们接到电报，说妻子的母亲亡故了！

总经理让妻子先去，自己身体舒服点再过去。就这样，妻子自己驾车前往娘家，不小心开到了一处偏僻小路。只见前面有条小路，只能容下一辆车通行，而前面有辆车停着。总经理夫人上前询问并叫对方把车开走。突然，车上跳下一个男子，身着黑衣，戴着白口罩和黑墨镜！他步步逼向总经理夫人，最后把她逼到一处陡峭的悬崖边。总经理夫人临死之前说了一句："你的眼镜好眼熟啊！"

几个月后，总经理痊愈了，约心理医生一起去踏青，地点偏巧是妻子出事的地方，这次，总经理提前到了。这时，心理医生在背后拍了拍总经理。总经理吓了一跳，回头一看笑着说："哦！原来是你啊！"

★提问★

谁杀了总经理的妻子？为什么？

••●解答●••

凶手是心理医生，其实总经理和心理医生是同性恋情侣。总经理和心理医生一起去看风景，留下妻子一个人。说明总经理和妻子关系并不好。总经理的妻子感觉眼熟的眼镜其实是自己丈夫的。总经理一直在医院，并没有杀人的机会，因此杀人的是心理医生。

52

杀人的浴缸

富豪布莱克在海边有一套豪宅，这天，好友汤姆探长想去拜访一下布莱克先生。于是，出门前，汤姆给布莱克先生打了电话，告知对方自己大概半小时后到。

大约半小时后，汤姆准时到达，但他等了五分钟，也没有等到布莱克先生出现。这时，仆人特里说："老爷去洗澡了，大约半个小时了……"

汤姆探长撞开房门，发现布莱克先生已经去世了，尸体泡在浴缸里。从初步检查的结果看，他是溺水死的，死亡时间大概在半小时前。

警察经过尸检发现，死者死于海水溺水。他的肺部残余大量海水，但没有淡水残留。整个下午，家里只有仆人特里在家，没有别的客人来过。

汤姆对警察说："抓住特里，只有他有作案时间，他就是凶手！"

"怎么可能是我呢？"特里拼命地摇头，"您半小时前打电话时，老爷还在接电话呢！从海边到这里至少要一个小时，就算我坐着飞机去也来不及啊！说不准，是海鬼，带走了老爷或者在浴缸里杀死了老爷！"

汤姆探长仔细查看了浴缸，发现在浴缸边上有些残留的细小白色粉末，他回头冷笑道："你以为你的小把戏能蒙蔽得了我吗？你就是凶手！"

★提问★

特里是怎么在这么短的时间里完成"不可能的任务"的呢？

··●解答●··

在海水中溺死是一条至关重要的线索，它可以暗示案发地点是海边，但是它不足以证明特里没有犯罪的可能。

被海水溺死不一定就要在海中发生，如果有足够多的海水，浴缸也可以成为作案地点。当然，事后要放掉海水而装满淡水，这一切只需要10分钟而已。

53

"什么叫诡辩"

有两个中学生来到班主任的办公室，问道："老师，请问：究竟什么叫诡辩呢？"

这位精通希腊哲学的老师并没有直接回答学生的问题。他认真地考虑了一下，然后说：

"有两个人到我这里来做客，一个人很干净，另一个很脏。我请这两个人去洗澡。你们想想，他们两中谁会去洗呢？"

一位学生脱口而出："那还用说，当然是那个脏人。"

"不对，是干净人。"老师反驳道，"因为他养成了洗澡的习惯，而脏人认为没什么好洗的。再想想，是谁洗澡了呢？"

"干净人。"两个学生改口说。

"不对，是脏人，因为他需要洗澡；而干净人身上干干净净的，不需要洗澡。"老师又反驳说。

然后，他再次问道："这么说来，我的客人中谁洗澡了呢？"

"脏人！"学生只好重复第一次的回答。

"又错了，当然是两个人都洗了。"老师说，"干净人有洗澡习惯，而脏人需要洗澡。怎么样？他们两人到底谁洗澡了呢？"

"那看来就是两人都洗了。"青年人犹豫不决地回答。

"不对，两个都没洗。"老师解释说，"因为脏人没有洗澡的习惯，干净人不需要洗澡。"

两个学生满意地说："我们明白了，您讲的每次都不一样，而又总是对的！"

54

算命

塔罗牌是西方文化中十分普及的占卜方法。

一天，吉姆来到一家占卜屋算命，算完发现自己没钱，于是灵机一动，站起来就走。

算命巫师说："你这个人怎么算了命，不给钱就走了？"

吉姆说："难道你没算出来我现在身无分文吗？"

55

囚犯的机智

1671年5月，发生了迄今为止英国历史上最大、最著名的刑事犯罪。在伦敦，一个以布勒特为首的五人犯罪团伙，用高超的计谋蒙骗了伦敦塔副总监，混进了马丁塔里，偷走了英国的最高"国宝"——英国国王的皇冠。

案件很快被侦破了。被捕后由国王亲自审问时，布勒特充分发挥他的辩才，同国王进行了英国历史上一次最有趣的刑事审讯对话，我们摘取其中最精彩的片段：

查理二世问："你在克伦威尔手下时曾经诱杀了艾默恩，换来了上校和男爵的头衔？"

布勒特答："陛下容禀，我不是长子，所以没有继承权，除了这条命以外别无所有，我得把我的命卖给出价最高的人。而且陛下，我是想看看他是否配得上您赐给他的那个高位。要是他轻而易举地被我打发掉，陛下就能挑选一个更合适的人来接替他。"

查理二世仔细打量这个囚徒，觉得他不仅胆子大，而且伶牙俐齿。于是又问道："你越干胆越大，这回竟然偷起我的皇冠来了！"

布勒特谦卑地回答："我知道这个举动太狂妄了，可是，我只想以此来提醒陛下关心一个生活无着落的老兵。"

查理二世问："你不是我的部下，要我关心什么？"

布勒特答："陛下，我从来没有对抗过您。英国人互相之间兵戎相见已经很不幸了，现在天下太平，所有人都是您的臣民，我当然是您的部下。"

查理二世继续问道："你自己说吧，该怎么处理你？"

布勒特答："从法律角度来看，我们应当被处死。但是，我们五个人，每人至少有两个亲属会为此落泪。从陛下您的立场看，多10个人赞美您总比多10个人落泪要好得多。"

查理二世没有想到他如此回答，不由自主地点点头，又问："你觉得自己是个勇士，还是懦夫？"

布勒特答："陛下，自从您的通缉令下达以后，我没有一个地方可以安身，所以去年我在家乡搞了一次假出殡，希望警方相信我已死亡而不再追捕，这不是一个勇士的行为。因此尽管我在别人面前是勇士，但是在您——伟大陛下的权威下，只是一个懦夫。"

查理二世对这番话非常满意，竟然免除了布勒特的死刑。

56

婉语惊人

　　1796年，拿破仑被任命为意大利方面军的总司令。在整顿这支从装备到纪律都一塌糊涂的部队时，士兵们看到身材矮小的拿破仑，都忍不住轻声耻笑他。就连作为拿破仑副官的奥热罗将军，向拿破仑汇报时都满脸堆笑。

　　拿破仑知道现在必须树立起自己的威信，所以他仰头看着个子很高的奥热罗说："将军，你的个子高出我一头，但假如你不听我指挥的话，我就会马上消除这个差别。"这句话使得喧闹的队伍顿时安静下来，士兵们再也不敢小看这个小个子将军。

57

"人不能两次踏进同一条河流"

　　赫拉克利特是古希腊著名的辩证法大师，他有一句名言"人不能两次踏进同一条河流"，深刻而形象地说明了事物运动发展的思想。

　　赫拉克利特的学生叫克拉底鲁，他比老师走得更"远"，他根据老师的思想进一步宣称："人一次也不能踏进同一条河流。"

这是什么意思呢？他解释说：我们既然承认一切都在流动，一切都在变化，那就是说事物任何时候都在发生变化，不会有一刻的稳定和静止。这就像一条河流，我们刚刚踏进去的一瞬间，它就变成另外的河流了，所以我们一次踏进去的就不是同一条河流。

第四部分

哈佛学生擅长的逻辑艺术

1

种金子

一位农民是种田好手，他的农场每年必获丰收。一天，国王找到他说："给你五千克金子种，种到田里，秋后要给我收获10倍金子。"

农民傻眼了，争辩说："这个真的没法种呀！"

国王耸耸肩："不都称你是神农吗？到秋天种不出10倍金子，我就要没收你的全部家产。"说完，国王转身走了。

农民只好拿着金子走了。到了秋天，国王找到农民要金子。农民大哭说："这些天滴雨不下，种的金子全旱死了。"国王大怒说："骗谁，金子哪会旱死呢？"农民回答："你既然说金子旱不死，又怎能说能种金子呢？"国王答不上来，只得作罢。

2

急中生智

一个流浪汉不慎掉进涅瓦河，他一边挣扎一边高呼救命，但岸边的两个宪兵理都不理。流浪汉灵机一动，放声高喊："打倒沙皇！"宪兵一听，赶忙跳下水去抓住他，并把他关进了监狱。

3

客人的诡辩

一位又饿又渴的旅行者走进一家酒馆,问:"老板,有面包吗?"

老板:"有,先生,两美元一个。"

"给我拿两个。"

"两个4美元,请您拿好。"

"啤酒多少钱一瓶?"

"4美元一瓶。"

"我现在觉得渴得厉害,我想用这两个面包换一瓶啤酒,可以吗?"

"当然可以,给您,先生。"

旅行者接过一瓶啤酒一饮而尽,接着背起背包就要出门。

老板忙跟上来说:"先生,您还没付啤酒钱!"

"可我是用面包换来的啤酒啊。"

"您的面包钱也没有付啊!"

"我没吃你的面包,为什么要付面包钱呢?"

老板一时间无言以对,旅行者嘻嘻一笑,掏出钱给了老板,又回去要了两个面包,老板认出旅行者乃是一位著名的作家,在跟自己开玩笑。老板忙又准备了一些食物和啤酒,招待了这位稀客。

4

卖乌龟

有一个小伙子在一个热闹的集市上叫卖乌龟。

"卖乌龟了！卖乌龟！谁要买乌龟？鹤命千年，龟寿万年。能活一万年的乌龟呀，便宜卖啦！"

有个中年人挺喜欢爬行动物，就买了一只。可第二天一看，乌龟已经死了。他气呼呼地跑到集市上，找到那个卖乌龟的人，气愤地说："喂！你这个骗子！你说乌龟能活一万年，可它只活一个晚上就死了！"

小伙子哈哈笑着答道："先生，这样看来，昨天晚上它刚好满一万年。"

5

你也踩我脚一下

上班高峰期，在一辆十分拥挤的公共汽车上，司机一个急刹车，一个小伙子没站稳，他的皮鞋一下子踩到身后一位姑娘的脚上。姑娘"哎哟"一声，张嘴就要骂他。小伙子马上道歉："实在对不起，踩脏了你的鞋，我不是故意的。"见对方火气未消，还要说什么，小伙子便把自己的脚往前一伸，说："如果你还生气，也踩我脚一下？"姑娘一看他那诚实、憨厚的样子，忍不住"扑哧"一声笑了："没什么！"

小伙子靠自己的机智和幽默避免了一场争吵。

6

没有隐瞒

第二次世界大战时，英国首相丘吉尔到美国去跟美国总统罗斯福商谈战争事宜，想让美国对英国进行援助。一天早晨，丘吉尔正躺在浴盆里，抽着他那特大号雪茄烟。门开了，进来的竟然是美国总统罗斯福。丘吉尔正大腹便便，肚子露出水面……这两个世界知名的政治家在这种场合见面，都显得非常尴尬。丘吉尔扔掉烟头，神态自若地说道："总统先生，我这个首相在你面前可真是一点也没有隐瞒。"说完，两人哈哈大笑起来。

7

马雅可夫斯基的辩才

马雅可夫斯基是苏联著名诗人，不仅诗写得好，也幽默风趣，擅长辩论，成为十月革命后一个出色的红色宣传鼓动家。

一天上午，他在彼得堡涅夫斯基大街散步，遇见一个头戴小黄帽的女人正向一群市民造谣诬蔑布尔什维克。她声嘶力竭地喊着："布尔什维克是土匪、强盗。他们整天杀人、放火、抢女人……"马雅可夫斯基听罢顿时感到怒不可遏，但面对许多不明真相的人，很难用一两句话来反驳她。

于是，他对围观的众人喊道："抓住她！她昨天偷了我的钱包！"

"你在瞎说什么？！"那女人一听，不知所措，惊慌地解释道，"你这人真是，你搞错了吧？"

"没错。"马雅可夫斯基一本正经地对众人说，"就是这个戴绣花黄帽的女人，昨天偷了我25个卢布。"

众人纷纷讥笑这个女人，一哄而散，女人哭哭啼啼地拉住他说："我的上帝，你仔细瞧瞧我吧！我真是头一次见到你啊。"

"可不是吗？太太，你才头一次看见一个布尔什维克，怎么就大谈起布尔什维克来了……"

8

乌戴特为士兵解围

一次，德国的柏林空军俱乐部举行了一场盛宴招待空军英雄。一位年轻士兵为大家斟酒时，不慎把酒洒在乌戴特将军的秃头上。顿时，所有士兵悚然，全场一片寂静。年轻士兵更是吓得呆立在那里，手足无措。

乌戴特将军掏出手绢擦了擦头上的酒，然后悠悠然地轻抚那个士兵的肩头，说："老弟，你以为这种治疗有用吗？"

语音刚落，全场立即爆发出响亮的笑声，人们为将军的宽容、幽默而欢呼。年轻士兵更是感激得流下眼泪。

9

查尔斯翻书认错

英国牛津大学有个叫艾尔弗雷特的学生，因能写点诗而在学校小有名气，他为此非常自负，经常在同学们面前朗诵自己的诗作。

一天，艾尔弗雷特又在同学们面前朗诵自己创作的新诗，有个叫查尔斯的同学听过之后跟朋友们说："艾尔弗雷特的这首诗我非

常感兴趣，它是从一本书里拿来的。"

艾尔弗雷特听到这话非常恼火，要求查尔斯当众向他道歉。

查尔斯答应了，他当着同学们和艾尔弗雷特的面说："我以前很少收回自己讲过的话。但这一次，我确实错了。我本以为艾尔弗雷特的诗是从我读的那本书里拿来的，但我到房里翻开那本书，发现那首诗仍在那里。"

10

座位

著名的俄罗斯钢琴家鲁宾斯坦的音乐会马上就要开始了。

这时，一个女人闯进了演员休息室，这是一位衣着华丽的贵妇，所以工作人员没有阻拦。

"啊，鲁宾斯坦先生，见到您我真是太幸福了。我没有票，求您给我安排一个座位吧。"一见到鲁宾斯坦，她就握住钢琴家的手风风火火地说。

"可是，太太，剧场可不归我管辖啊，这儿一共只给我一个座位。"钢琴家很和善地说。

"您就行个好，把它让给我吧！"

"行，我把这个座位让给您，要是您不拒绝的话。"钢琴家微微一笑说。

"我拒绝？那绝对不会的！请快领我去吧！座位在哪儿呢？"

"在钢琴旁边。"

11

雁一肥，就飞不动了

德国发明家奥托·李林塔尔和他的兄弟古斯塔夫在研究滑翔机的时候，生活非常艰苦，一天维持一顿饭都很困难。

有一次，女房东同情地看着这对日渐消瘦的兄弟说："你们是怎么回事啊？花那么多钱买些没有用的东西，连饭都吃不饱，像流浪汉似的！"

"咳，太太！您误会了。"奥托笑着说，"您要知道，我们是故意勒紧裤带的，雁一肥，就飞不动了……"

不久，奥托试飞成功，他的名字享誉全球，被尊称为"蝙蝠侠"，他的滑翔机为飞机制造者们提供了宝贵的数据和资料。

12

无以为家

有人问一位诗人："为什么诗人不像其他小说家、音乐家、书法家等后面都有个'家'字，而独称诗人呢？"

另一个人插嘴回答："诗人有浪漫情怀，总要到处去找灵感，怎能有'家'的拖累？"

诗人感叹地说："您说错了，诗人不称'家'是因为诗卖不到几个钱，没有能力养家。"

13

教练有方

国足运动员问："教练，我总把球踢得偏离球门，这是为什么？"

教练答："这是因为你对着门踢，如果你往别处踢，就有可能让球进入球门了！"

14

赶人

"您看我们的戏怎么样？"

"很'赶人'"。

"哦，请您说具体点，哪场戏最感人？"

"说不上哪一场，反正观众看了都坐不住，争着退场。"

15

放久的钓饵

一位父亲问他漂亮的女儿为何还不结婚。女儿自信满满地告诉他，她曾有过好几位男友，但他们都不能使她称心如意，她想再等一等，挑一挑。

老父亲叹口气，警告女儿抓紧点，当心做一辈子老姑娘。漂亮的女儿听后，满不在乎地对她父亲说："噢，放心吧，亲爱的爸爸，大海里鱼多着呢！"

"是呀，我的孩子，"老父亲笑了笑答道，"可钓饵放久了就没味了！"

16

迟到的理由

杰瑞到学校的时候，上课铃已经响过多时了。

"出了什么事，这么晚才来？"老师生气地问他。

"我遭到了武装暴徒的袭击。"杰瑞一脸忐忑。

"上帝！他抢走你的什么了？"

"作业。"

17

近亲结婚

有对夫妻老是吵架。有一次，妻子愤怒地嚷道："我真后悔，早知道这样，我嫁给魔鬼也比嫁给你强！"

"这是不可能的，你难道不知道吗？近亲结婚是不允许的。"总是挨训的丈夫不满地嘟囔道。

18
适得其反

　　一位游客招手请公交司机停车。他站在车门旁，问售票员："从这里到摄政园要多少钱？"

　　售票员回答："五便士。"

　　旅游者摸了摸口袋，没有上车。但车子一开动，他就跟在后边跑起来，当他在下一站气喘吁吁地追上公交车时，他又踏上车门问："现在到摄政园要多少钱？"

　　售票员说："十便士，您跑错方向了。"

19
跟你一起走

　　约翰先生下班回家，发现他的妻子正在屋里气冲冲地收拾行李。

　　"你在干什么？"他问。

　　"我再也待不下去了，"妻子喊道，"一年到头，老是争吵不休，我要离开这个家！"

约翰迟疑了一下，轻声说："等一等，亲爱的，我也待不下去了。等我收拾东西，我跟你一起走！"

20

也有米饭

一位顾客在一家饭馆吃饭。米饭中沙子很多，顾客把沙子吐出来——放在桌子上，不一会儿，都放好几粒了。

一旁的服务员见此情景感到很不安，他走到客人旁边抱歉地问："尽是沙子吗？"

顾客摇摇头，微笑着说："不，也有米饭。"

21

名扬四海

英国大文豪萧伯纳聪慧而又富有幽默感。一次，萧伯纳在街上走，被一个骑自行车的冒失鬼撞倒在地。幸好只是一场虚惊，萧伯纳站起来活动活动身体，发现自己没有受伤。骑车人认出眼前人是谁后，羞愧难当，忙不迭地连声道歉。

可是，萧伯纳却宽宏而又幽默地说："您的运气不好，先生。您如果把我撞死了，马上就可以名扬四海了！"

骑车人听了，惭愧地笑了，慌乱的心平静了不少。

22
神童

刚学钢琴不久的孩子在父母的朋友们面前弹奏了几段钢琴曲。母亲兴高采烈地问客人们："我的儿子在音乐领域简直是个神童，他才学了半年钢琴，弹得不错吧？"

有位客人说："是的，他弹得太好了。真应该让他到贝多芬面前演奏一番。"

"真的吗？"母亲不禁喜形于色。

"真的，贝多芬已经聋了好多年了。"

23
机智的母亲

一个记者要求采访总统候选人卡特的母亲莲莉·卡特。尽管她对频繁的采访感到厌烦，但出于礼貌，她还是对记者说："见到

你，十分高兴。"

记者问："您的儿子竞选时说，如果他曾经对他的选民撒过谎，就不要选他。您能不能诚实地告诉我，您的儿子是不是从来没有撒过谎？因为世界上再没有人比您再了解您的儿子了。"

老人诚恳地说："说过，但都是善意的。"

记者感到自己抓住什么新闻了，因为这些谎言都可以用作打击卡特的武器。他急忙向老人追问："什么是善意的谎言？您能不能举一个例子？"

卡特的母亲笑了："比如说，您刚才进门的时候，我说的'见到您，十分高兴'。"

记者一听，灰溜溜地告辞了。

24

以退为进

有一天，德国大文豪歌德在公园散步，在一条狭窄的小道上，碰到了一个总与他为敌的文学批评家。

批评家傲慢地说："我从来不给傻瓜让路。"

歌德不慌不忙地退到路旁，笑容可掬地说："我正好相反。"

假如歌德说"我也从来不给傻瓜让路"，势必出现无聊的争吵，他这样巧妙地反唇相讥，让无礼的批评家自取其辱。

25

妙答女议员

丘吉尔访问美国的时候，一位反对他的女议员在公开场合愤然地说："如果我是您的妻子，我一定会在您的咖啡里下毒药的。"

丘吉尔狡黠地一笑，说："如果我是您的丈夫，我会乐于喝下那杯咖啡。"

这个回答看似委婉、谦和，但是，实际表达的意思是"我宁愿死，也不愿做你的丈夫"，真是锋利无比的反击。

26

反唇相讥

俄国寓言作家克雷洛夫皮肤很黑，偏偏又喜欢穿黑色衣服。一天，他在街上遇到两个穿得花里胡哨的公子哥。其中一个见到克雷洛夫，就对他同伴说："看，飘来了一朵乌云！"

克雷洛夫耸耸肩应声说道："怪不得青蛙高兴得叫了！"

27

一语概之

雅典的首席执政官听说哲学家保塞尼亚斯是个能言善辩的人，一次贵族会议特意邀请哲学家参加，并有心为难他。

会议结束后，首席执政官对保塞尼亚斯说："贵族会议的成员每人都有一个问题要问您，您能用一句话来回答他们所有的问题吗？"

保塞尼亚斯略微思索后说："那要看看都是些什么问题？"

议员们接连不断地提出了几十个不同的问题，包括了天文、地理、历史、经济等各个方面，连一一回答都有很大难度，更别说一句话来回答了。

当问题提完后，大家纷纷看着保塞尼亚斯，他哈哈一笑不假思索地回答："我全不知道！"

28

巧难日使

冯玉祥担任陆军检阅使驻扎在北平南苑时，有一次宴请各国公使。陆军检阅使署的大门上悬挂着各国国旗，唯独没有日本国旗。

日使看到了很生气，当堂质问道："不挂日本国旗，是何原因？"冯玉祥不慌不忙地答道："自从贵国提出'二十一条'后，敝国人民一直抵制日货。贵国国旗实在无处购买，真对不住。鄙意如果贵国取消'二十一条'，即可购买、悬挂贵国国旗了。"

日使语塞，不胜尴尬。

29

手段

兄弟俩合伙开服装店。弟弟把顾客劝进店里，殷勤地劝顾客试衣服。试上一阵之后，顾客往往随口问道："这衣服价钱多少？"

弟弟把手放在耳朵上："您说什么？"

"这衣服多少钱？"顾客又高声问了一遍。

"噢，价格吗，这个我得问问老板。对不起，我耳朵不好。"他转身向坐在柜台后的哥哥大声叫道："老板，这套全毛服装定价多少？"

哥哥站起来，看了顾客一眼，答道："那套吗？七十二美元！"

"多少？"

"七……十……二美元。"哥哥喊道。

弟弟回过身来，微笑着对顾客说："四十二美元。"顾客自认走运，赶紧掏钱买下，然后迅速离开。装聋的弟弟则笑着向哥哥眨眨眼，去招徕下一位顾客。

30

垫车轮

在一次军事演习中，一位指挥官的吉普车陷入了污泥中。指挥官看到附近站着几个士兵，就请他们帮忙推一把。

"对不起，长官"，其中一个士兵回答道，"按规定我们已经被打死了，不能再参加任何活动。"

指挥官转向他的司机："司机，把那几具尸体拉来垫在车轮下，我们好将车子开出来。"

士兵们全部跑了过来。